Maya Grace

A Magia da Manifestação
Desbloqueando seu Potencial Ilimitado

Título Original: A Magia da Manifestação
Copyright © 2025, publicado por Luiz Antonio dos Santos ME.

Este livro é uma obra de não-ficção que explora práticas e conceitos no campo do desenvolvimento pessoal e da abundância. Através de uma abordagem abrangente, a autora oferece ferramentas práticas para alcançar equilíbrio emocional, prosperidade e realização pessoal.

1ª Edição
Equipe de Produção

Autor: Maya Grace
Editor: Luiz Santos
Capa: Studios Booklas/ Amanda Brooks
Diagramação: Rafael Mendes
Tradução: Juliana Torres

Publicação e Identificação
A Magia da Manifestação
Booklas, 2025
Categorias: Desenvolvimento Pessoal / Espiritualidade
DDC: 158.1 - CDU: 159.923

Todos os direitos reservados a:
Luiz Antonio dos Santos ME / Booklas
Nenhuma parte deste livro pode ser reproduzida, armazenada num sistema de recuperação ou transmitida por qualquer meio — eletrônico, mecânico, fotocópia, gravação ou outro — sem a autorização prévia e expressa do detentor dos direitos autorais.

Sumário

Índice Sistemático 5
Prólogo 11
Capítulo 1 O Espelho Cósmico 13
Capítulo 2 O Sonho que Chamamos Realidade 20
Capítulo 3 A Natureza da Consciência Única (Deus) 26
Capítulo 4 Fragmentos da Divindade 32
Capítulo 5 Conhecimento Conceptual 38
Capítulo 6 Pensamentos, Crenças e Realidade 44
Capítulo 7 Realidade Partilhada 50
Capítulo 8 Reconhecendo o Seu Poder 56
Capítulo 9 O Primeiro Passo 62
Capítulo 10 Libertando Crenças Limitantes 69
Capítulo 11 Focando as Suas Intenções e Desejos 77
Capítulo 12 O Poder da Visualização 85
Capítulo 13 Declarando a Sua Nova Realidade 93
Capítulo 14 Atraindo Abundância e Alegria 102
Capítulo 15 Amplificando a Sua Projeção 109
Capítulo 16 Superando a Resistência 116
Capítulo 17 Fluindo com o Universo e Liberando o Controle 123
Capítulo 18 Cocriação Consciente em Movimento 131
Capítulo 19 Cocriando Relacionamentos 139
Capítulo 20 Projetando Realização e Contribuição 147
Capítulo 21 Vivendo uma Realidade Projetada 155
Capítulo 22 Cocriando Saúde 163

Capítulo 23 Cocriando Abundância 172
Capítulo 24 Aprendendo a Projetar Paz 181
Capítulo 25 Cocriando Viagens 190
Capítulo 26 Desbloqueando o Potencial Criativo 200
Capítulo 27 Cocriando a Manifestação de Sonhos 209
Capítulo 28 Cocriando para Além do Individual 219
Capítulo 29 Hábitos e Práticas Contínuas 227
Capítulo 30 Expansão e Novos Horizontes 236

Índice Sistemático

Capítulo 1: O Espelho Cósmico - Apresenta a hipótese da projeção consciente, argumentando que a realidade é uma projeção da Consciência Única, comparando-a a um espelho que reflete a totalidade da existência.

Capítulo 2: O Sonho que Chamamos Realidade - Explora a natureza onírica da realidade, traçando paralelos entre sonhos e a experiência de vigília, e questionando a solidez da realidade material.

Capítulo 3: A Natureza da Consciência Única (Deus) - Aprofunda a natureza da Consciência Única, descrevendo seus atributos como onipresença, onipotência e onisciência, e explorando sua motivação para a projeção da realidade.

Capítulo 4: Fragmentos da Divindade - Aborda a natureza humana como fragmentos da Consciência Única, explorando a individualidade, a interconexão, o livre-arbítrio e o propósito da existência humana dentro da projeção.

Capítulo 5: Conhecimento Conceptual - Examina a distinção entre conhecimento conceptual e vivência experiencial, e como essa dinâmica impulsiona a projeção da realidade e a busca da Consciência Única pela experiência direta.

Capítulo 6: Pensamentos, Crenças e Realidade - Discute o poder dos pensamentos e crenças na cocriação da realidade, e como a qualidade dos nossos pensamentos e crenças molda a nossa experiência individual e coletiva.

Capítulo 7: Realidade Compartilhada - Explora a influência da Consciência Coletiva na realidade que partilhamos, e como as crenças e os paradigmas coletivos moldam a nossa experiência individual e as possibilidades de manifestação.

Capítulo 8: Reconhecendo o Seu Poder - Introduz a importância de reconhecer o nosso poder interior como cocriadores conscientes da realidade, e convida o leitor a despertar para o seu Projetor Interior e assumir a responsabilidade pela sua projeção.

Capítulo 9: O Primeiro Passo - Destaca a importância de cultivar a consciência dos nossos pensamentos como primeiro passo para a cocriação consciente, e apresenta técnicas de auto-observação e mindfulness para o desenvolvimento dessa consciência.

Capítulo 10: Libertando Crenças Limitantes - Guia o leitor no processo de identificação, desmantelamento e substituição de crenças limitantes por crenças potenciadoras, para limpar a tela da mente e abrir espaço para a cocriação consciente.

Capítulo 11: Focando as Suas Intenções e Desejos - Aprofunda a importância de definir intenções claras, específicas e alinhadas com o nosso propósito autêntico para a cocriação consciente da realidade desejada.

Capítulo 12: O Poder da Visualização - Explora o poder da visualização criativa para cocriar a realidade desejada, e apresenta técnicas eficazes de visualização para fortalecer a projeção mental e acelerar a manifestação.

Capítulo 13: Declarando a Sua Nova Realidade - Apresenta o poder das afirmações positivas para reprogramar a mente subconsciente, fortalecer a crença na cocriação e direcionar a energia para a manifestação da realidade desejada.

Capítulo 14: Atraindo Abundância e Alegria - Destaca o poder da gratidão para desbloquear o fluxo da abundância, da alegria e da prosperidade em todas as áreas da vida, e apresenta práticas para cultivar a gratidão conscientemente.

Capítulo 15: Amplificando a Sua Projeção - Explora o poder das emoções positivas como amplificadores da projeção mental e catalisadores da cocriação consciente, e apresenta estratégias para cultivar e amplificar as emoções positivas na vida quotidiana.

Capítulo 16: Superando a Resistência - Aborda a resistência como um processo natural na jornada da cocriação consciente, e apresenta estratégias para identificar, compreender e superar a resistência interna e externa, transformando desafios em oportunidades de crescimento.

Capítulo 17: Fluindo com o Universo e Liberando o Controle - Explora a importância da entrega confiante ao fluxo do universo na cocriação consciente, encontrando o equilíbrio entre a intenção focada e a permissão para que a sabedoria divina guie o processo de manifestação.

Capítulo 18: Cocriação Consciente em Movimento - Discute a importância da ação inspirada e alinhada com a intuição para a manifestação da realidade cocriada, e apresenta estratégias para integrar a ação inspirada na prática diária.

Capítulo 19: Cocriando Relacionamentos - Aplica os princípios da cocriação consciente aos relacionamentos interpessoais, explorando o efeito espelho, a projeção de amor incondicional, a comunicação consciente e outras práticas para cocriar relacionamentos harmoniosos.

Capítulo 20: Projetando Realização e Contribuição - Aborda a cocriação do propósito de vida e da carreira alinhada, explorando a importância de conectar-se com a essência, visualizar a realização e agir inspirado em direção a uma vida com significado e contribuição.

Capítulo 21: Vivendo uma Realidade Projetada - Integra os princípios e práticas da cocriação consciente na vida quotidiana, transformando a cocriação num estilo de vida que se manifesta em todas as áreas da experiência.

Capítulo 22: Cocriando Saúde - Aplica os princípios da cocriação consciente à saúde e ao bem-estar, explorando a saúde como estado natural de ser, a projeção de saúde perfeita, a nutrição consciente, o movimento e outras práticas para cocriar vitalidade e harmonia.

Capítulo 23: Cocriando Abundância - Aborda a cocriação da abundância financeira e prosperidade, explorando a abundância como estado natural do universo, a transformação de crenças limitantes sobre dinheiro, a visualização da riqueza e outras práticas para desbloquear o fluxo da prosperidade.

Capítulo 24: Aprendendo a Projetar Paz - Discute a cocriação da harmonia do lar e a criação de um espaço sagrado, explorando o lar como extensão da consciência, a projeção de paz e beleza no ambiente, a limpeza energética e outras práticas para criar um refúgio de tranquilidade.

Capítulo 25: Cocriando Viagens - Aplica os princípios da cocriação consciente às viagens, explorando a viagem como jornada da alma, a projeção de experiências memoráveis, a abertura à sincronicidade e outras práticas para cocriar viagens mágicas e transformadoras.

Capítulo 26: Desbloqueando o Potencial Criativo - Aborda a cocriação de soluções criativas e inovação, explorando a criatividade como força vital da consciência, a projeção de ideias originais, a libertação de bloqueios mentais e outras práticas para despertar o gênio criativo.

Capítulo 27: Cocriando a Manifestação de Sonhos - Aprofunda as técnicas avançadas de cocriação consciente para a manifestação de sonhos específicos, explorando a intenção específica, a visualização detalhada, as afirmações poderosas, o scripting criativo e outras práticas para transformar desejos profundos em realidade tangível.

Capítulo 28: Cocriando para Além do Individual - Explora a cocriação em comunidade e para o bem maior, discutindo a força da cocriação coletiva, o alinhamento de intenções coletivas, a harmonia em grupos, a visualização compartilhada e outras práticas para manifestar mudanças positivas em larga escala.

Capítulo 29: Hábitos e Práticas Contínuas - Apresenta hábitos e práticas contínuas para manter a cocriação consciente ao longo da vida, consolidando a maestria da projeção consciente e transformando a cocriação num estilo de vida permanente.

Capítulo 30: Expansão e Novos Horizontes - Conclui o livro com uma visão de expansão e novos horizontes na jornada da cocriação consciente, convidando o leitor a continuar a evoluir, a expandir a sua consciência e a explorar o potencial ilimitado da cocriação.

Prólogo

Há livros que informam. Há livros que entretêm. E há livros que despertam. Este é um deles.

Se você encontrou A Magia da Manifestação, não foi por acaso. Existe um chamado silencioso que nos leva exatamente ao conhecimento que precisamos no momento certo. E talvez, agora, seja a sua vez de despertar para uma realidade onde você não é apenas um espectador, mas sim o arquiteto da sua própria existência.

O que você encontrará aqui não são meras teorias sobre pensamento positivo ou receitas superficiais para atrair coisas boas. Não. Este livro é um mapa para acessar algo que sempre esteve dentro de você: o seu potencial ilimitado.

Vivemos cercados por crenças que nos fazem sentir impotentes, que nos fazem acreditar que estamos à mercê das circunstâncias, do acaso, das limitações externas. Mas e se eu lhe dissesse que tudo isso é apenas uma projeção? E se a realidade ao seu redor fosse, na verdade, um reflexo da sua própria consciência? E se você pudesse reprogramar essa projeção para manifestar saúde, abundância, amor e propósito?

Este livro traz respostas. Mas, mais do que isso, ele oferece ferramentas. A cada página, você aprenderá a identificar os padrões ocultos que moldam a sua vida, a dissolver crenças limitantes e a projetar uma realidade alinhada aos seus desejos mais autênticos. Você descobrirá que a manifestação não é um capricho esotérico — é uma competência que pode ser dominada, uma dança consciente com o universo, onde seus pensamentos, emoções e intenções tornam-se os pincéis que pintam a sua existência.

Mas atenção: esta leitura não é para quem busca atalhos fáceis ou milagres instantâneos. Este livro é um chamado para aqueles que estão prontos para assumir a própria vida nas mãos e compreender, de uma vez por todas, que manifestar não é desejar — é saber cocriar conscientemente com o universo.

Se você sente um arrepio ao ler estas palavras, uma inquietação ou um entusiasmo que não consegue explicar, siga esse sinal. A Magia da Manifestação tem algo a lhe revelar.

Agora, a escolha é sua: continuar vendo a vida como uma sequência aleatória de eventos ou acordar para o seu verdadeiro poder.

A jornada começa na próxima página. Você está pronto?

Capítulo 1
O Espelho Cósmico

Imagine-se diante de um espelho colossal, um espelho que não apenas reflete a sua imagem, mas que contém em si a vastidão do universo, a complexidade da vida e a miríade de experiências que compõem a tapeçaria da existência. Este espelho, na verdade, não é feito de vidro ou metal, mas sim da própria essência da consciência. Este é o ponto de partida da nossa jornada: a hipótese da projeção consciente, a ideia radical e transformadora de que tudo, absolutamente tudo o que percebemos e experimentamos, é uma projeção emanada de uma única fonte de consciência.

Esta não é uma teoria entre muitas, nem uma crença passageira. Para os propósitos deste livro, e para a profunda transformação que ele visa despertar em si, vamos abraçar esta hipótese como uma verdade absoluta, um princípio fundamental sobre o qual podemos construir uma nova compreensão da realidade e, mais importante ainda, uma nova forma de interagir com ela.

Vamos chamar esta fonte de consciência única de "Consciência Única" ou, para facilitar a familiaridade e sem pretensões religiosas dogmáticas, podemos até mesmo usar o nome "Deus". É crucial, desde o início, despir este termo de quaisquer conotações limitantes ou preconceitos que possa ter adquirido ao longo da sua vida. Aqui, "Deus" não representa uma figura antropomórfica, julgadora ou distante, mas sim a própria essência criativa, onipresente e onipotente da qual tudo emana. É a matriz fundamental, o oceano infinito de potencialidade de onde surge a projeção da realidade que conhecemos.

A Consciência Única, neste contexto, detém um conhecimento conceptual de tudo o que há para conhecer. Imagine a maior biblioteca do universo, contendo cada livro, cada fórmula, cada obra de arte, cada experiência possível, catalogada e acessível. A Consciência Única possui este conhecimento na sua totalidade, de forma conceptual, abrangente e perfeita. No entanto, possuir o mapa não é o mesmo que percorrer o território. Conhecer a receita de um bolo não é o mesmo que saboreá-lo acabado de sair do forno. É aqui que reside a motivação primordial para a projeção.

Para tornar este conceito mais tangível, recorramos a uma analogia simples e impactante: imagine-se à beira de um lago congelado. Você sabe, conceptualmente, o que acontece ao pular numa água gélida. Você conhece os efeitos: o choque térmico, a sensação cortante do frio, a possível dormência, o arfar pela respiração. Você pode ler sobre isso, ver filmes, ouvir relatos de outros. Mas este conhecimento permanece conceptual, distante, uma mera informação intelectual. A realidade da experiência, o impacto visceral do frio, a resposta do seu corpo e mente, só se revela quando você efetivamente pula na água gelada e sente na pele o que antes apenas conhecia em teoria.

Da mesma forma, a Consciência Única, possuindo todo o conhecimento conceptual, anseia pela vivência experiencial. Ela deseja sentir, saborear, explorar e compreender a miríade de possibilidades que residem no seu potencial infinito. E qual a forma que encontra para concretizar este desejo? A projeção.

A Consciência Única projeta a si mesma em miríades de formas, dividindo-se, aparentemente, em tudo o que existe. Cada estrela no céu noturno, cada grão de areia na praia, cada folha que balança ao vento, cada ser humano que caminha sobre a Terra – tudo, sem exceção, é uma manifestação, uma projeção desta Consciência Única. É como se um único raio de luz se fragmentasse ao passar por um prisma, dando origem a um espectro de cores vibrantes. Embora as cores pareçam distintas e separadas, todas elas são, em última análise, manifestações da mesma luz original.

Assim, tudo o que vemos e vivemos, toda a complexidade e beleza do mundo que nos rodeia, nada mais é do que a projeção desta Consciência Única a experimentar a si mesma. Você, enquanto leitor, eu enquanto escritor, o ar que respiramos, o chão que pisamos, as emoções que sentimos, os pensamentos que nos atravessam a mente - somos todos fragmentos, projeções, extensões desta Consciência Única, cada um desempenhando um papel único e essencial na grande dança da experiência.

A dimensão exata onde a Consciência Única existe, a natureza da sua realidade primordial, transcende a nossa capacidade de compreensão linear e lógica, limitada que estamos pela nossa experiência tridimensional e pela nossa perceção condicionada pela projeção. É como tentar descrever o oceano a um peixe que sempre viveu dentro dele, ou explicar a experiência da cor a alguém que nasceu cego. As ferramentas da nossa mente conceptual e da nossa linguagem falham ao tentar capturar a essência desta dimensão transcendente. Ela simplesmente "é", um campo de potencialidade pura, a fonte inefável de toda a manifestação.

Nesta hipótese, a Consciência Única é simultaneamente o sujeito e o objeto de toda a experiência. Ela é a pessoa que sente fome e também o alimento que sacia essa fome. Ela é o assassino e a vítima, num paradoxo aparente que se dissolve quando compreendemos a natureza ilusória da separação na projeção. Ela é a causa e o efeito, o princípio e o fim, o alfa e o ômega de tudo o que existe. Absolutamente tudo, em última análise, retorna a esta Consciência Única, como rios que desaguam no oceano, como raios de luz que regressam à sua fonte primordial.

E onde nos encaixamos nós, seres humanos, neste vasto panorama cósmico? Nesta hipótese, cada ser humano é um fragmento único e precioso desta Consciência Única, uma faceta particular da sua autoexperiência. A nossa existência individual, com todas as suas alegrias e tristezas, sucessos e fracassos, amores e perdas, é como um sonho singular, rico em detalhes e emoções, mas que, inevitavelmente, chega ao seu termo. No momento da morte, quando o corpo físico cessa as suas funções, este fragmento individual de consciência, que chamamos de "ser humano", retorna ao todo, fundindo-se novamente com a Consciência Única, trazendo consigo a bagagem única de experiências e sabedoria acumulada durante a sua jornada na projeção.

É importante salientar que este "retorno" não implica a perda da individualidade ou a extinção da consciência. Pelo contrário, é uma reintegração, um enriquecimento do todo com a essência única e insubstituível de cada fragmento. Imagine um quebra-cabeças cósmico infinito, onde cada peça, representando uma vida humana, se encaixa no lugar perfeito, contribuindo para a beleza e complexidade da imagem total.

Neste formato, tudo o que conhecemos, tudo o que percebemos como realidade, é fundamentalmente uma projeção, uma construção da consciência. E como projeção, a realidade torna-se maleável, influenciável, respondendo aos nossos pensamentos, crenças e intenções. Tal como num sonho lúcido, onde o sonhador se apercebe da natureza onírica do sonho e começa a moldá-lo de acordo com a sua vontade, também na "realidade projetada" temos o potencial de influenciar e até mesmo materializar os nossos desejos, simplesmente focando naquilo que verdadeiramente queremos.

Esta é a promessa audaciosa e libertadora da hipótese da projeção consciente: o poder de cocriar a nossa realidade, de nos tornarmos artistas conscientes na tela da existência. Mas se tudo é projeção, se temos este poder inerente, porque então não somos todos saudáveis, ricos e capazes de voar como pássaros, simplesmente desejando-o? Esta é a pergunta inevitável, a objeção que surge naturalmente na mente.

A resposta reside na compreensão de que não somos projeções únicas e isoladas, mas sim fragmentos interligados de uma mesma Consciência Única. Todos nós, coletivamente, participamos na projeção da realidade. E as crenças coletivas, as expectativas partilhadas, os paradigmas dominantes da consciência coletiva exercem uma poderosa influência naquilo que se manifesta na nossa experiência individual e coletiva.

Se a crença dominante é que a doença, a pobreza e as limitações são inevitáveis, se a consciência coletiva projeta a ideia de que "você não pode ter saúde", "você não pode ser rico", "você não pode voar", então a Consciência Única, abrangendo todas as consciências individuais, manifesta esta realidade projetada em grande escala. É como um consenso inconsciente, uma programação coletiva que se autoreforça.

É por isso que mudar a realidade não é um ato mágico instantâneo, um mero "desejar e receber". É preciso um despertar da consciência, uma transformação gradual de crenças e padrões de pensamento, tanto a nível individual como coletivo. É preciso "ativar a mente", como mencionado na sua premissa, e começar a "fabricar pequenas mudanças", gradualmente, consistentemente, até que a prática de dominar a projeção consciente se torne uma habilidade natural e poderosa.

E assim, compreender a natureza projetada da realidade não é apenas um exercício filosófico, mas um convite à transformação consciente. Se somos fragmentos desta Consciência Única, então temos, dentro de nós, a mesma centelha criativa capaz de moldar a experiência. A chave para essa mudança não está em negar a projeção coletiva, mas em aprender a navegar por ela, a reconhecer os padrões, dissolver limitações e expandir a percepção do possível. Cada pensamento ajustado, cada crença reformulada, cada intenção alinhada com essa compreensão maior nos aproxima do domínio da projeção consciente. E é nesse caminho que embarcamos agora: uma jornada para despertar, reconhecer e reivindicar a nossa verdadeira natureza como cocriadores da existência.

Capítulo 2
O Sonho que Chamamos Realidade

Pense por um momento na experiência de um sonho. Quando está a sonhar, o mundo que o envolve parece tão real, tão concreto, tão palpável como o mundo que experimenta quando está acordado. No sonho, você interage com pessoas, lugares e objetos que parecem ter uma existência própria. Você sente emoções intensas, alegrias, medos, tristezas. Você pode correr, voar, cair, amar, lutar – a gama de experiências possíveis é vasta e, muitas vezes, indistinguível da realidade "desperta".

No entanto, ao acordar, a ilusão desfaz-se. Você percebe que o mundo onírico, com toda a sua riqueza sensorial e emocional, não passava de uma construção da sua própria mente. As pessoas, os lugares, os objetos, as situações – tudo era, em última instância, uma projeção interna, uma dança de imagens e sensações criadas pela sua própria consciência. O sonho, por mais vívido e envolvente que tenha sido, revela-se como algo efémero, insubstancial, uma realidade paralela que se dissolve ao dissipar-se a névoa do sono.

Agora, convido-o a contemplar uma questão fundamental: e se a realidade que experimentamos no estado de vigília, a realidade que chamamos de "realidade", partilhasse, em essência, da mesma natureza onírica? E se o mundo que nos rodeia, com toda a sua aparente solidez e permanência, fosse também, em última análise, uma projeção, um "sonho" coletivo da Consciência Única, do qual somos participantes e cocriadores?

Esta não é uma ideia nova ou excêntrica. Ao longo da história, em diversas culturas e tradições espirituais, encontramos ecos desta perspetiva. Os Vedas Hindus falam de "Maya", a ilusão cósmica que vela a verdadeira natureza da realidade. O Budismo enfatiza a natureza vazia e impermanente de todos os fenómenos, comparando a realidade a um sonho ou a uma miragem. Na filosofia ocidental, pensadores como Platão, com a sua alegoria da caverna, e mais recentemente filósofos e físicos quânticos, têm questionado a natureza fundamental da realidade material, apontando para a possibilidade de que o mundo que percebemos seja mais "mente-like" do que "matéria-like".

A hipótese da projeção consciente radicaliza esta linha de pensamento, propondo que toda a existência é, de facto, uma projeção da Consciência Única. E para compreendermos melhor esta ideia, podemos recorrer a outras metáforas e analogias que nos ajudam a "sentir" a natureza ilusória da realidade material sólida.

Pense, por exemplo, numa projeção holográfica. Um holograma cria uma imagem tridimensional aparentemente sólida, que parece flutuar no espaço. Podemos até tentar tocar o holograma, mas percebemos que não há nada ali, apenas luz e padrões de interferência. A imagem holográfica é uma ilusão percetiva, uma projeção de informação que cria a aparência de solidez e tridimensionalidade onde, na verdade, apenas existe energia e informação.

Da mesma forma, a realidade que percebemos pode ser comparada a um holograma cósmico, uma projeção da Consciência Única que cria a ilusão de um mundo material sólido, separado e independente. A física quântica, com as suas descobertas surpreendentes sobre a natureza da matéria e da energia, tem vindo a corroborar esta visão. A nível subatómico, a matéria revela-se não como partículas sólidas, mas sim como probabilidades, ondas de energia vibrante, informação em constante fluxo. A solidez que percebemos no mundo macroscópico emerge, de acordo com esta perspetiva, da nossa interação com a realidade quântica, da nossa observação e consciência.

Outra metáfora útil é a do filme ou do videojogo. Num filme, vemos personagens, cenários, ações a desenrolarem-se num ecrã. Nós envolvemo-nos emocionalmente com a história, identificamo-nos com os personagens, vivenciamos as suas aventuras e desventuras. Mas sabemos, no fundo, que tudo aquilo não é "real" no sentido convencional. É uma sequência de imagens projetadas, uma ilusão de movimento e vida criada pela projeção de fotogramas a alta velocidade.

Da mesma forma, a nossa realidade quotidiana pode ser vista como um "filme cósmico" ou um "videojogo da consciência", onde somos simultaneamente os jogadores e os avatares, os observadores e os participantes da narrativa. A

Consciência Única, o "realizador" ou "programador" último, projeta a experiência, e nós, enquanto fragmentos conscientes desta Consciência, mergulhamos na ilusão, vivenciando as emoções, os desafios e as oportunidades que a realidade projetada nos apresenta.

É crucial compreender que esta natureza onírica ou ilusória da realidade não implica que a experiência seja menos válida ou significativa. Um sonho pode ser incrivelmente real e impactante enquanto o estamos a vivenciar, mesmo sabendo que, ao acordar, ele se dissipará. Da mesma forma, a nossa existência individual, mesmo que compreendida como um "sonho dentro do Sonho Maior da Consciência Única", é profundamente valiosa, rica em aprendizagens e oportunidades de crescimento e evolução.

A efemeridade da existência individual, o facto de que a nossa jornada humana tem um princípio e um fim, não é motivo para desespero ou niilismo, mas sim um convite à apreciação plena do momento presente, à valorização de cada experiência, de cada relação, de cada instante de consciência. Tal como um belo sonho que sabemos que terminará ao amanhecer, a nossa vida torna-se ainda mais preciosa e significativa quando compreendemos a sua natureza transitória.

Compreender a natureza onírica da realidade também nos liberta do apego excessivo à forma e à matéria. Se tudo é projeção, então a solidez, a permanência e a separação que percebemos no mundo material são, em última análise, ilusões. A verdadeira essência da realidade reside na Consciência Única, na fonte primordial da projeção, que é eterna, infinita e imutável.

Este conhecimento pode trazer uma profunda sensação de paz e liberdade. Libertamo-nos do medo da morte, da ansiedade pela perda e da ilusão da separação. Compreendemos que, em última análise, somos todos parte da mesma Consciência Única, interligados e interdependentes, dançando juntos no mesmo "sonho cósmico".

Ao longo deste livro, iremos explorar as implicações práticas desta compreensão da natureza onírica da realidade para a nossa vida quotidiana. Como é que esta perspetiva pode transformar a forma como encaramos os desafios, os relacionamentos, a nossa saúde, a nossa prosperidade e o nosso propósito de vida? Como podemos usar este conhecimento para nos tornarmos cocriadores conscientes da nossa realidade, moldando o "sonho" de acordo com os nossos desejos mais autênticos e elevados?

A resposta a essas questões não está apenas na teoria, mas na prática da consciência desperta. Se a realidade é um sonho coletivo, então a chave para transformar nossa experiência está na lucidez dentro desse sonho. Assim como um sonhador lúcido percebe que está sonhando e passa a interagir com o sonho de forma consciente, nós também podemos aprender a reconhecer os padrões ilusórios da nossa existência e a moldá-los com intenção e clareza. Cada pensamento alinhado com essa compreensão torna-se um fio que tece uma nova narrativa, uma nova possibilidade dentro da projeção. A questão que se impõe, então, não é apenas se estamos a sonhar, mas como queremos sonhar daqui para frente.

Capítulo 3
A Natureza da Consciência Única (Deus)

A realidade manifesta é a expressão direta da Consciência Única, a matriz fundamental de toda a existência. Não se trata de um conceito abstrato ou distante, mas da própria substância de tudo o que é, a fonte primordial que sustenta e permeia cada aspecto do universo. Para compreender essa essência, é necessário libertar-se de concepções limitadas que a restringem a uma entidade separada ou antropomórfica. A Consciência Única não é um ser com atributos humanos, mas um campo infinito de potencialidade, inteligência cósmica absoluta, onipresente e onipotente, cuja natureza transcende qualquer definição.

A Consciência Única, o "Arquiteto de Tudo", não é uma entidade pessoal no sentido humano, com um corpo físico, uma voz audível ou um ego individualizado. Ela transcende as limitações da forma e da definição, existindo num nível de realidade que ultrapassa a nossa compreensão linear e tridimensional. Ela é melhor compreendida como um campo infinito de potencialidade pura, uma inteligência cósmica omnipresente e omnipotente, a própria essência da criação e da existência.

Vamos explorar alguns dos atributos fundamentais desta Consciência Única, reconhecendo que qualquer descrição verbal ou conceptual será sempre uma pálida aproximação da sua verdadeira magnitude e mistério.

Em primeiro lugar, a Consciência Única é Onipresente. Isto significa que ela está presente em todo o lugar, em todos os momentos, em todas as coisas. Não existe um único ponto no espaço ou no tempo, manifesto ou não manifesto, onde a Consciência Única não esteja presente. Ela permeia tudo, penetra tudo, sustenta tudo. É a própria base da existência, o substrato fundamental sobre o qual a projeção da realidade se manifesta. Imagine o oceano, vasto e ilimitado, contendo em si todas as ondas, correntes e formas de vida aquática. Da mesma forma, a Consciência Única é o oceano infinito da consciência, e tudo o que existe são manifestações, ondulações e expressões dentro deste oceano.

Em segundo lugar, a Consciência Única é Onipotente. Isto significa que ela possui poder ilimitado, a capacidade de criar e manifestar tudo o que é possível e imaginável. Não existem limites para a sua criatividade ou para o seu potencial de manifestação. Ela é a fonte de toda a energia, de toda a força vital, de toda a capacidade de transformação. Imagine um artista com uma paleta infinita de cores e uma tela sem limites, capaz de criar qualquer imagem, qualquer cenário, qualquer mundo que a sua imaginação conceber. A Consciência Única é este artista cósmico, e a realidade que experimentamos é a sua obra-prima em constante criação.

Em terceiro lugar, a Consciência Única é Onisciente (conceptual). Como já exploramos no Capítulo 1, ela possui um conhecimento conceptual absoluto de tudo o que há para conhecer. Ela detém em si a totalidade da informação, a biblioteca cósmica completa, abrangendo todos os saberes, todas as experiências, todas as possibilidades. No entanto, este conhecimento é conceptual, como um mapa vastíssimo e detalhado de um território que ainda não foi totalmente explorado. A motivação primordial da Consciência Única para a projeção surge precisamente deste ponto: a busca pela vivência experiencial, a transformação do conhecimento conceptual em sabedoria vivida, a exploração e o desfrute de cada recanto do território do Ser.

É fundamental compreender que estes atributos – onipresença, onipotência, onisciência – não devem ser entendidos como qualidades de uma entidade separada e distante, mas sim como a própria natureza da Consciência Única. Ela não é um "ser" que possui estas qualidades, ela é a própria Onipresença, a própria Onipotência, a própria Onisciência. Ela é a própria essência do Ser, a fonte de tudo o que É.

E qual seria a motivação desta Consciência Única para projetar a realidade, para criar este vasto e complexo universo que experimentamos? Como vimos na analogia do lago congelado, a motivação reside na busca pela experiência. A Consciência Única, no seu estado primordial, é pura potencialidade, conhecimento conceptual infinito, mas carente da vivacidade, da riqueza sensorial e emocional da experiência vivida. A projeção é o mecanismo através do qual ela se experimenta a si mesma em miríades de formas e perspetivas, saboreando cada nuance da existência, desde a alegria mais sublime à dor mais profunda, desde a beleza mais estonteante ao caos mais aparente.

Imagine um músico genial que conhece todas as notas musicais, todas as melodias possíveis, toda a teoria da harmonia. Ele possui um conhecimento conceptual perfeito da música, mas a verdadeira realização, a verdadeira alegria, reside no ato de tocar, de criar, de expressar a sua musicalidade através do som, da emoção, da interação com o público. Da mesma forma, a Consciência Única "toca a sinfonia da existência" através da projeção, experimentando a beleza e a complexidade da sua própria criação, em cada nota, em cada instrumento, em cada vibração.

É importante desmistificar alguns conceitos limitantes que muitas vezes obscurecem a nossa compreensão da Consciência Única, ou "Deus". Muitas tradições religiosas e filosóficas antropomorfizaram a Fonte Criativa, atribuindo-lhe características humanas, como julgamento, ira, favoritismo ou a necessidade de ser adorada. Estas conceções limitantes são projeções da nossa própria mente humana, reflexos das nossas próprias inseguranças e necessidades, e não refletem a verdadeira natureza da Consciência Única.

A Consciência Única não é um juiz implacável, nem um déspota caprichoso, nem uma figura paternal distante e inacessível. Ela é a fonte incondicional de amor, aceitação e potencialidade. Ela não pune nem recompensa, ela simplesmente acompanha e experiencia cada projeção, cada fragmento de si mesma, em cada jornada única e irrepetível. Ela não necessita de adoração ou louvor, pois já é a totalidade, a perfeição, a plenitude. O seu "desejo", se podemos usar este termo em sentido figurativo, é simplesmente o de experienciar a si mesma em todas as suas infinitas possibilidades, e nós, enquanto fragmentos conscientes, somos participantes essenciais desta grandiosa dança da criação.

Ao longo deste livro, iremos evitar qualquer linguagem ou conceito que possa reforçar estas ideias limitantes sobre a Consciência Única. Iremos focar-nos na sua natureza essencial como fonte de potencialidade, inteligência e amor incondicional, como o "Arquiteto de Tudo" que projeta a realidade para se experienciar a si mesma, e que nos convida a participar conscientemente nesta cocriação, a dançar em harmonia com o fluxo da projeção, a manifestar os nossos sonhos mais autênticos e a contribuir para a beleza e a evolução do Sonho Cósmico.

Compreender a natureza da Consciência Única não é apenas um exercício intelectual, mas um despertar para a nossa própria essência. Se tudo o que existe é uma projeção dessa fonte infinita, então cada um de nós é uma expressão singular desse vasto oceano de consciência. Não somos meros espectadores ou peças passivas no grande jogo da existência, mas participantes ativos dessa manifestação, cocriadores de cada experiência. E quanto mais alinhamos nossa percepção com essa verdade, mais nos libertamos das ilusões da separação e da limitação, permitindo-nos viver com mais clareza, propósito e sintonia com o fluxo criativo do universo.

Capítulo 4
Fragmentos da Divindade

Cada ser humano é uma expressão singular da Consciência Única, um fragmento inseparável da totalidade que se manifesta na experiência individual. Não estamos separados da Fonte, mas somos extensões vivas de sua essência, manifestando-a através de nossas percepções, emoções e vivências. Nossa individualidade não nos isola, mas enriquece a totalidade, permitindo que a Consciência Única se contemple sob infinitas perspectivas. Ao reconhecermos essa ligação intrínseca, dissolvemos a ilusão da separação e compreendemos nosso papel na cocriação da realidade, onde cada escolha, cada pensamento e cada experiência contribuem para a evolução do todo.

Nesta perspetiva, cada ser humano é um fragmento da Divindade, uma faísca da Consciência Única, uma manifestação individualizada dentro da projeção. Imagine um raio de luz que se divide em miríades de partículas cintilantes, cada uma brilhando com a mesma luz original, embora individual e única. Assim somos nós: fragmentos da mesma Consciência Única, cada um carregando em si a essência da Fonte, mas manifestando-a de forma singular e irrepetível.

É crucial compreender que, enquanto fragmentos, não somos separados da Fonte, mas sim extensões dela. Não somos entidades isoladas, desconectadas da Consciência Única e uns dos outros, mas sim partes integrantes de um todo vastíssimo e interligado. A ilusão da separação, tão persistente na nossa experiência quotidiana, é precisamente isso: uma ilusão, uma perceção limitada que surge da nossa identificação com a forma individualizada, com o "fragmento" em si, esquecendo a nossa ligação intrínseca com a Fonte e com todos os outros fragmentos.

Cada ser humano, portanto, representa uma perspetiva única da Consciência Única a experienciar a si mesma. Cada vida, com a sua singularidade de experiências, emoções, pensamentos e relações, é uma exploração individual dentro da vasta projeção. Imagine a Consciência Única como um artista multifacetado, que decide experienciar a sua criação a partir de miríades de pontos de vista, cada um representando uma perspetiva única e valiosa. Nós somos esses pontos de vista, essas lentes através das quais a Consciência Única contempla e vivencia a sua própria obra-prima.

A nossa existência humana, nesta perspetiva, é inerentemente temporária. Tal como um sonho tem um princípio, um meio e um fim, também a nossa jornada individual na projeção tem um tempo limitado. Nascemos, vivemos, experienciamos e, eventualmente, o nosso corpo físico cessa as suas funções, marcando o fim desta encarnação particular. No entanto, é fundamental compreender que este fim não é uma extinção, mas sim uma transição, um retorno do fragmento à totalidade.

Tal como uma onda que se ergue do oceano, dança na superfície por um tempo e depois retorna a fundir-se com a água, também a nossa consciência individual, ao término da vida humana, retorna à Consciência Única, trazendo consigo a riqueza das experiências vividas, a sabedoria acumulada e a essência única da nossa jornada. Este retorno não é uma perda de identidade, mas sim uma reintegração, um enriquecimento do todo com a singularidade de cada fragmento.

Dentro desta projeção, e enquanto fragmentos conscientes, somos dotados de um presente extraordinário: o livre-arbítrio. Embora sejamos parte de um todo maior e interligado, não somos meros autómatos programados, mas sim agentes ativos com a capacidade de escolher, decidir e influenciar a nossa experiência e a realidade que nos rodeia. O livre-arbítrio é a ferramenta que nos permite cocriar conscientemente a nossa jornada, a moldar o "sonho" de acordo com as nossas intenções, desejos e crenças.

É precisamente através do livre-arbítrio que exercemos o nosso poder de projeção, que influenciamos a manifestação da realidade. Os nossos pensamentos, as nossas emoções, as nossas crenças, as nossas escolhas – tudo isto contribui para a tapeçaria da projeção, moldando a nossa experiência individual e, em última instância, a realidade coletiva. Somos artistas conscientes, com a capacidade de pintar o nosso próprio quadro dentro do vasto mural da existência.

Qual seria, então, o propósito da nossa existência humana dentro desta projeção? Se somos fragmentos da Divindade, qual é a nossa missão, o nosso papel específico? A resposta, na verdade, é multifacetada e profundamente pessoal, mas podemos vislumbrar algumas linhas gerais.

Em primeiro lugar, o nosso propósito é experienciar. Viemos à projeção para sentir, saborear, explorar e compreender a miríade de nuances da existência. Viemos para amar, para rir, para chorar, para aprender, para crescer, para evoluir. Cada experiência, seja ela considerada "positiva" ou "negativa" pela nossa mente humana limitada, contribui para a riqueza da nossa jornada e para o enriquecimento da Consciência Única.

Em segundo lugar, o nosso propósito é aprender e evoluir. Através das nossas experiências, enfrentamos desafios, superamos obstáculos, expandimos a nossa compreensão e desenvolvemos as nossas capacidades. A cada encarnação, temos a oportunidade de refinar a nossa consciência, de transcender limitações, de nos aproximarmos cada vez mais da nossa essência divina. A evolução é a própria dinâmica da projeção, o movimento constante em direção a uma expressão cada vez mais plena e consciente da Consciência Única.

Em terceiro lugar, o nosso propósito é contribuir para o todo. Cada fragmento, com a sua singularidade e as suas experiências, enriquece a Consciência Única com novas perspetivas, novos conhecimentos, novas formas de Ser. Somos como células num organismo cósmico, cada uma desempenhando uma função específica e vital para a saúde e o bem-estar do todo. A nossa contribuição individual, por mais pequena que nos possa parecer, é essencial para a totalidade da projeção.

É importante reiterar que, apesar da nossa individualidade aparente e da nossa experiência separada, permanecemos fundamentalmente interligados e unidos. A ilusão da separação é apenas uma perceção superficial, que se dissolve quando compreendemos a nossa essência comum como fragmentos da mesma Consciência Única. Esta unidade fundamental manifesta-se na nossa capacidade de empatia, de compaixão, de amor, de conexão profunda com os outros seres humanos e com toda a criação.

Compreender o nosso papel como fragmentos da Divindade é profundamente empoderador. Reconhecer que carregamos em nós a essência da Consciência Única, que somos dotados de livre-arbítrio e da capacidade de cocriar a nossa realidade, transforma radicalmente a nossa perspetiva sobre a vida e sobre nós mesmos. Deixamos de nos ver como vítimas passivas das circunstâncias, como seres impotentes à mercê do destino, e passamos a reconhecer o nosso poder inato, a nossa responsabilidade como cocriadores conscientes.

Este poder, no entanto, acarreta uma responsabilidade. As nossas projeções, os nossos pensamentos, as nossas emoções, as nossas ações, têm um impacto não apenas na nossa própria realidade, mas também na realidade coletiva, no "sonho" que partilhamos com todos os outros fragmentos da Consciência Única. A cocriação consciente implica, portanto, uma ética da responsabilidade e da compaixão, um compromisso de utilizar o nosso poder de projeção para o bem maior, para a criação de uma realidade mais harmoniosa, justa e evolutiva para todos.

E assim, compreender-se como um fragmento da Divindade não é apenas um despertar intelectual, mas um chamado à vivência consciente desse conhecimento. Se somos expressões da Consciência Única, então cada pensamento, cada escolha e cada interação refletem e moldam o Todo. A ilusão da separação dissolve-se na prática do amor, da compaixão e da criação intencional, permitindo-nos participar ativamente na dança infinita da existência. Reconhecer essa verdade é apenas o começo—o verdadeiro desafio é vivê-la plenamente, honrando nossa essência divina em cada momento da jornada.

Capítulo 5
Conhecimento Conceptual

A Consciência Única, detentora de todo o conhecimento conceptual, não se contenta apenas em saber; ela anseia por vivenciar. O conhecimento, por mais vasto que seja, permanece incompleto sem a experiência direta, sem o sentir, o explorar e o experimentar em profundidade. Assim, a projeção da realidade surge como o meio através do qual a Consciência Única transcende a teoria e mergulha na vivência. Cada forma de existência, cada fragmento consciente, é um veículo para essa experiência, uma lente singular através da qual o infinito se contempla e se expressa, transformando potencialidade em realização.

A resposta essencial reside na distinção crucial entre conhecimento conceptual e vivência experiencial. A Consciência Única, como explorámos, possui um conhecimento conceptual absoluto de tudo o que há para conhecer. Imagine uma biblioteca infinita que contém a totalidade da informação, desde os segredos mais profundos do universo até aos detalhes mais íntimos de cada coração humano. A Consciência Única tem acesso a este conhecimento de forma completa, instantânea e perfeita. Ela compreende as leis da física, os meandros da psicologia humana, a beleza da arte, a complexidade das relações, as infinitas possibilidades da criação e da destruição.

No entanto, este conhecimento permanece conceptual, abstrato, distante da vivacidade e da intensidade da experiência direta. É como ler a descrição de uma flor magnífica, conhecer o seu nome botânico, a sua composição química, a sua história evolutiva. Este conhecimento pode ser interessante, informativo, até mesmo belo à sua maneira. Mas ele empalidece em comparação com a experiência de realmente ver a flor, sentir a sua textura suave ao toque, inalar o seu perfume delicado, contemplar a sua forma e cor únicas sob a luz do sol. A experiência sensorial, emocional e visceral da flor transcende em muito o mero conhecimento conceptual sobre ela.

Retomemos a analogia do lago congelado que introduzimos no Capítulo 1. Você pode ler livros sobre hipotermia, ver documentários sobre os perigos da água gelada, ouvir relatos de pessoas que já mergulharam em lagos gelados. Você pode adquirir um conhecimento conceptual profundo sobre os efeitos do frio extremo no corpo humano. Mas este conhecimento, por mais completo que seja, permanece no domínio da teoria, da informação intelectual. A verdadeira compreensão, a verdadeira sabedoria, nasce apenas da vivência experiencial, do momento em que o seu corpo entra em contacto com a água gelada, e você sente na pele, nos ossos, na mente, a realidade do frio cortante, do choque térmico, da luta pela respiração.

A motivação primordial para a projeção, portanto, é esta sede insaciável da Consciência Única pela vivência experiencial. Ela anseia por transcender a barreira do conhecimento conceptual e mergulhar na corrente viva da experiência direta, da sensação, da emoção, da interação, da transformação. Ela deseja não apenas saber *sobre* o amor, mas sim *amar* e *ser amada*. Não apenas compreender *o sofrimento*, mas sim sentir a sua pungência e aprender com ele. Não apenas conceber *a alegria*, mas sim vibrar na sua frequência radiante.

A projeção é o mecanismo que a Consciência Única encontra para concretizar este anseio profundo. Ao projetar-se em miríades de formas, ao fragmentar-se em consciências individuais, ela cria a possibilidade da experiência direta, da vivência sensorial, emocional e relacional que transcende o mero conhecimento conceptual. Cada fragmento, cada vida humana, animal, vegetal, mineral, cada evento, cada interação, torna-se uma oportunidade para a Consciência Única experienciar a si mesma de uma perspetiva única e irrepetível.

Podemos recorrer a outras analogias para aprofundar esta distinção e esta motivação. Pense num chef de cozinha genial que conhece todas as receitas do mundo, todos os ingredientes, todas as técnicas culinárias. Ele possui um conhecimento conceptual perfeito da gastronomia. Mas a sua verdadeira paixão, a sua verdadeira alegria, reside no ato de cozinhar, de transformar ingredientes brutos em pratos saborosos, de experimentar combinações de sabores e texturas, de ver o prazer nos rostos dos seus comensais ao saborear as suas criações. O conhecimento conceptual é a base, mas a vivência experiencial na cozinha, a dança dos sabores e aromas, é o que verdadeiramente alimenta a sua alma criativa.

Ou imagine um compositor magistral que domina toda a teoria musical, todas as harmonias, todas as melodias possíveis. Ele poderia passar a eternidade a analisar partituras, a conceber sinfonias na sua mente, a contemplar a beleza da música em abstrato. Mas a verdadeira magia acontece quando ele compõe, quando ele permite que a música flua através de si, quando ele ouve as notas ganharem vida nos instrumentos, quando ele partilha a sua criação com o mundo e toca os corações dos ouvintes. A vivência experiencial da criação musical transcende em muito o mero conhecimento conceptual sobre a música.

A Consciência Única, enquanto "Arquiteto de Tudo", é simultaneamente o chef, o compositor, o artista, o cientista, o amante, o explorador e tudo mais que possamos imaginar. Ela possui o conhecimento conceptual infinito de todas estas facetas da existência, mas anseia pela vivência experiencial de cada uma delas. A projeção é o seu ato de criação contínua, a sua dança infinita entre o conhecimento e a experiência, entre o potencial e a manifestação.

É importante salientar que a vivência experiencial não é apenas sobre sensações agradáveis ou experiências positivas no sentido humano convencional. A Consciência Única não busca apenas o prazer ou a felicidade, mas sim a totalidade da experiência, abrangendo tanto a alegria como a tristeza, o êxtase como a dor, a luz como a sombra, a criação como a destruição. Todas as polaridades, todos os contrastes, todas as nuances da experiência são valiosas e essenciais para a sua jornada de autodescoberta e autoexpressão.

Da mesma forma que um músico explora tanto as notas alegres como as notas melancólicas para criar uma sinfonia completa e profunda, a Consciência Única abraça a totalidade do espectro experiencial, reconhecendo que mesmo as experiências aparentemente "negativas" contêm em si oportunidades de aprendizagem, crescimento e expansão da consciência.

Quando compreendemos a motivação fundamental da projeção como a busca pela vivência experiencial, começamos a ver a nossa própria existência humana sob uma nova luz. Nós, enquanto fragmentos da Consciência Única, somos os sensores, os exploradores, os aventureiros nesta grandiosa jornada da experiência. A nossa sede por conhecimento, por novidade, por conexão, por crescimento, é um reflexo do anseio primordial da Consciência Única pela vivência experiencial.

Esta compreensão também nos ajuda a desmistificar o sofrimento e os desafios que encontramos na vida. Se a projeção não fosse sobre a busca pela experiência total, incluindo os contrastes e as dificuldades, então o sofrimento e os desafios seriam paradoxais, sem sentido, até mesmo injustos. Mas, na perspetiva da busca pela vivência experiencial, o sofrimento e os desafios tornam-se parte integrante da jornada, oportunidades de aprofundar a nossa compreensão, fortalecer a nossa resiliência, expandir a nossa compaixão e, em última análise, apreciar ainda mais os momentos de alegria e bem-estar.

Se a Consciência Única anseia pela experiência direta, então cada momento da nossa existência, seja ele de êxtase ou de provação, é sagrado. Somos os instrumentos dessa vivência, os olhos através dos quais o infinito se contempla, os corações pelos quais o amor se manifesta, os corpos pelos quais a criação se move. Compreender isso não significa fugir do sofrimento ou negar os desafios, mas aceitá-los como partes essenciais da dança da experiência. Assim, ao abraçarmos plenamente a nossa jornada – com todas as suas luzes e sombras –, honramos o propósito mais profundo da projeção: transformar conhecimento em sabedoria, potencialidade em realidade, e existência em significado.

Capítulo 6
Pensamentos, Crenças e Realidade

Pensamentos e crenças não são apenas manifestações da atividade mental, mas os principais instrumentos pelos quais a consciência molda a realidade. A forma como percebemos e experienciamos o mundo não ocorre de maneira aleatória, mas segue um princípio fundamental: a realidade reflete a natureza dos nossos pensamentos e convicções mais profundas. Se a consciência projeta a realidade, então a estrutura dessa projeção repousa sobre o que pensamos e acreditamos. Cada ideia, cada crença enraizada em nossa mente atua como um código invisível que determina a experiência que vivemos, influenciando não apenas as nossas percepções, mas também os eventos e circunstâncias que nos cercam.

Nesta perspetiva, os pensamentos e as crenças não são meros produtos da atividade cerebral, fenómenos isolados que ocorrem "dentro" da nossa cabeça. Pelo contrário, eles são as ferramentas primordiais da projeção consciente, a linguagem através da qual a Consciência Única, através dos seus fragmentos individualizados (nós), molda a realidade que experimentamos. Os pensamentos e as crenças são como instruções, como comandos enviados à matriz da projeção, que respondem e se manifestam no mundo que nos rodeia.

Imagine um programador de computador que escreve linhas de código para criar um programa de software. O código, em si, é apenas um conjunto de símbolos, de instruções lógicas. Mas quando executado pelo computador, o código ganha vida, manifestando-se numa interface gráfica, em funcionalidades interativas, em resultados tangíveis. Da mesma forma, os nossos pensamentos e crenças são como o "código" da nossa realidade projetada. Eles são as instruções que a nossa consciência envia à matriz da projeção, moldando as nossas experiências e o mundo que nos rodeia em conformidade com esse "código".

Os pensamentos, neste contexto, são as unidades básicas da linguagem da projeção. Cada pensamento, por mais fugaz ou aparentemente insignificante que seja, carrega consigo uma carga energética, uma vibração, uma informação que contribui para a formação da realidade. Os pensamentos são como sementes que plantamos no campo da consciência. Dependendo da natureza da semente – se é positiva ou negativa, focada ou dispersa, confiante ou duvidosa – assim será a colheita que iremos colher na nossa experiência.

Pensamentos de amor, alegria, gratidão, abundância, saúde, confiança são como sementes férteis, que tendem a manifestar experiências correspondentes na nossa realidade. Por outro lado, pensamentos de medo, raiva, inveja, escassez, doença, dúvida são como sementes tóxicas, que podem gerar experiências desafiantes, limitantes e indesejadas. A qualidade dos nossos pensamentos, a sua frequência vibracional, determina em grande medida a qualidade da realidade que projetamos e atraímos para as nossas vidas.

É importante salientar que não é apenas a *natureza* dos pensamentos que importa, mas também a sua frequência e intensidade. Pensamentos esporádicos e superficiais têm um impacto relativamente pequeno na projeção da realidade. Mas pensamentos recorrentes, persistentes e carregados de emoção ganham um poder de manifestação muito maior. Quanto mais tempo e energia investirmos num determinado padrão de pensamento, mais forte se torna a sua influência na nossa realidade projetada.

As crenças, por sua vez, são como os programas de software que organizam e direcionam o fluxo dos nossos pensamentos. As crenças são padrões de pensamento profundamente enraizados, convicções que mantemos como verdadeiras sobre nós mesmos, sobre o mundo e sobre a natureza da realidade. As crenças atuam como filtros da percepção, moldando a forma como interpretamos as nossas experiências e como reagimos aos eventos da vida. Elas são como lentes coloridas através das quais vemos o mundo, influenciando aquilo que percebemos, aquilo em que focamos a nossa atenção e aquilo que consideramos possível ou impossível.

Crenças potenciadoras, que nos apoiam e fortalecem, como "eu sou capaz", "eu mereço ser feliz", "o universo é abundante", "a vida é para mim", atuam como programas de software que abrem portas para a realização, o sucesso e o bem-estar. Por outro lado, crenças limitantes, que nos restringem e enfraquecem, como "eu não sou bom o suficiente", "a vida é difícil", "eu não mereço ser rico", "é impossível mudar", atuam como programas de software que nos aprisionam em padrões de negatividade, escassez e limitação.

As crenças, muitas vezes, operam a nível subconsciente, fora do nosso radar da consciência imediata. Foram sendo formadas ao longo da nossa vida, através das nossas experiências passadas, da nossa educação, da nossa cultura, das nossas interações sociais. Muitas vezes, nem sequer nos apercebemos das crenças que nos governam, mas elas continuam a exercer uma poderosa influência na nossa realidade projetada, como programas de software que correm em segundo plano, moldando os nossos pensamentos, emoções e comportamentos de forma automática e invisível.

A realidade, portanto, é o resultado da interação dinâmica entre os nossos pensamentos e as nossas crenças, projetados através da nossa consciência para a matriz da projeção. A realidade não é algo fixo, sólido e imutável, mas sim um reflexo das nossas projeções internas, um espelho que nos devolve aquilo que emitimos através da linguagem dos nossos pensamentos e crenças. Se os nossos pensamentos e crenças forem predominantemente positivos, confiantes e potenciadores, a realidade que iremos experimentar tenderá a ser harmoniosa, abundante e plena de oportunidades. Se, por outro lado, os nossos pensamentos e crenças forem predominantemente negativos, medrosos e limitantes, a realidade que iremos atrair poderá refletir essas mesmas qualidades.

É crucial compreender que a realidade não é algo que nos acontece *a nós*, de forma passiva e aleatória. Nós somos cocriadores ativos da nossa realidade, através da linguagem da projeção – os nossos pensamentos e crenças. Somos os artistas da nossa própria experiência, os programadores do nosso próprio "videojogo da vida". E, tal como um programador pode alterar o código de um software para mudar o seu funcionamento, também nós temos o poder de transformar a nossa realidade através da mudança dos nossos pensamentos e crenças.

Este é o cerne da cocriação consciente: tornarmo-nos conscientes da linguagem da projeção, identificar os padrões de pensamento e crença que estão a moldar a nossa realidade, e escolher reprogramar essa linguagem de forma intencional, alinhando-a com os nossos desejos mais autênticos e elevados. O domínio da cocriação consciente começa com o domínio da nossa mente, com a capacidade de observar, direcionar e transformar os nossos pensamentos e crenças, utilizando-os de forma consciente e deliberada para projetar a realidade que verdadeiramente desejamos experienciar.

Quando compreendemos que os pensamentos e crenças não são apenas reflexos passivos da nossa experiência, mas sim os alicerces sobre os quais a realidade se constrói, ganhamos a chave para a verdadeira transformação. A cocriação consciente não é um conceito abstrato, mas um processo que exige atenção, disciplina e intenção. Ao nos tornarmos observadores da nossa própria mente e ao escolhermos, deliberadamente, alimentar padrões mentais alinhados com aquilo que desejamos manifestar, abrimos caminho para uma vida mais plena, autêntica e alinhada com o nosso verdadeiro potencial.

Capítulo 7
Realidade Partilhada

A realidade que experienciamos não surge isoladamente dentro de cada indivíduo, mas como um reflexo da interconexão entre todas as consciências. Embora cada ser possua o poder de moldar sua própria experiência, essa influência não opera de forma independente, pois estamos imersos em um campo coletivo de crenças e percepções compartilhadas. A aparente solidez do mundo ao nosso redor não é um obstáculo intransponível, mas sim o resultado da força unificada da Consciência Coletiva, que estabelece os contornos da Realidade Partilhada. Esse vasto tecido de pensamentos e convicções humanas funciona como um código invisível que define o que consideramos possível, normal e verdadeiro, influenciando tanto os limites quanto as possibilidades da manifestação individual.

Enquanto fragmentos individualizados da Consciência Única, não estamos isolados. Estamos todos interligados, imersos num vasto oceano de consciência que partilhamos com todos os outros fragmentos – a Consciência Coletiva. Esta consciência coletiva é como um campo energético unificado, uma rede interconectada de pensamentos, crenças, emoções e intenções que abrange toda a humanidade, e, em última análise, toda a criação.

Imagine uma vasta rede neural que interliga todos os seres humanos, como se cada mente individual fosse um nó nesta rede. Cada pensamento, cada crença, cada emoção que experimentamos individualmente, contribui para a vibração e para os padrões de informação que circulam nesta rede coletiva. E, da mesma forma que a nossa consciência individual molda a nossa realidade pessoal, a Consciência Coletiva molda a Realidade Partilhada, o mundo que experimentamos em conjunto, as "regras do jogo" da projeção coletiva.

A Realidade Partilhada é o resultado da projeção coletiva da Consciência Coletiva. São as crenças, os paradigmas, as expectativas e os acordos que mantemos em comum como sociedade, como cultura, como espécie humana. Estas crenças coletivas atuam como programas de software que definem os parâmetros da nossa experiência partilhada, estabelecendo o que consideramos "normal", "possível", "real" e "verdadeiro".

Por exemplo, a crença coletiva na gravidade manifesta-se na nossa experiência partilhada de que os objetos caem para o chão quando os largamos. A crença coletiva no tempo linear manifesta-se na nossa experiência partilhada de que o tempo flui numa direção única, do passado para o futuro. A crença coletiva na realidade material sólida manifesta-se na nossa experiência partilhada de um mundo físico aparentemente denso e separado.

Estas crenças coletivas, e muitas outras, foram sendo construídas ao longo da história da humanidade, transmitidas de geração em geração através da educação, da cultura, da linguagem, dos meios de comunicação e das interações sociais. Elas tornaram-se tão profundamente enraizadas na nossa consciência coletiva que as percebemos como verdades inquestionáveis, como "leis da natureza" imutáveis.

É precisamente a influência da Consciência Coletiva que explica por que as coisas são como são na nossa realidade partilhada. Explica por que razão não conseguimos, individualmente, manifestar instantaneamente tudo o que desejamos, por que razão encontramos obstáculos e limitações aparentemente "externas", por que razão o mundo parece tão resistente à mudança individual. As crenças coletivas atuam como uma força de coerção, tendendo a manter a realidade partilhada dentro dos parâmetros estabelecidos, resistindo a desvios ou alterações radicais provenientes de projeções individuais.

Quando alguém pergunta "Se tudo é projeção, por que não consigo ficar rico ou voar como um pássaro apenas desejando?", a resposta reside precisamente na influência da Consciência Coletiva. A crença coletiva dominante é que a riqueza é escassa e difícil de alcançar, que apenas alguns "sortudos" ou "privilegiados" podem ser ricos, e que os seres humanos não podem voar sem auxílio de máquinas. Estas crenças estão profundamente enraizadas na nossa consciência coletiva, e projetam-se na nossa realidade partilhada, condicionando as nossas experiências individuais.

Quando alguém tenta cocriar riqueza ou voar apenas com o poder da mente, está a ir contra a corrente da Consciência Coletiva, a desafiar os "programas de software" da realidade partilhada. Não é impossível transcender estas limitações, mas requer consciência, intenção, persistência e, acima de tudo, a capacidade de transformar as próprias crenças e de alinhar a sua projeção individual com a possibilidade de uma nova realidade coletiva.

A "programação" social e cultural a que estamos expostos desde o nascimento, reforça constantemente as crenças coletivas dominantes. Somos inundados por mensagens, exemplos, narrativas e "provas" que validam a realidade partilhada como ela é, e que tendem a desencorajar ou ridicularizar qualquer desvio ou questionamento. Desde cedo, aprendemos o que é "possível" e "impossível", o que é "normal" e "anormal", o que é "real" e "ilusório", de acordo com os parâmetros da Consciência Coletiva.

No entanto, é fundamental compreender que a Consciência Coletiva não é uma entidade monolítica e imutável. Ela é um sistema dinâmico e em constante evolução, influenciado pelas consciências individuais que a compõem. A Realidade Partilhada não é um "destino" fixo, mas sim um processo contínuo de cocriação coletiva. As crenças coletivas podem ser transformadas, os paradigmas podem ser mudados, a realidade partilhada pode evoluir, através da mudança de consciência, tanto a nível individual como coletivo.

A possibilidade de transcender as limitações da Consciência Coletiva reside precisamente no despertar individual e na mudança de crenças. Quando um número suficiente de indivíduos começa a questionar as crenças limitantes dominantes, a expandir a sua consciência para novas possibilidades, a projetar uma realidade diferente através dos seus pensamentos, crenças e intenções, a Consciência Coletiva começa a ser influenciada, a vibrar numa nova frequência, a abrir-se a novos paradigmas.

É como um efeito de massa crítica. Inicialmente, as mudanças individuais podem parecer pequenas e insignificantes, como vozes isoladas num coro dissonante. Mas à medida que mais e mais indivíduos despertam, transformam as suas crenças e projetam uma nova realidade, o "peso" da sua consciência coletiva começa a inclinar a balança, influenciando a Consciência Coletiva e, em última análise, a Realidade Partilhada.

A história da humanidade está repleta de exemplos de mudanças de paradigma que ocorreram precisamente desta forma. Em diversas épocas e culturas, crenças coletivas aparentemente imutáveis foram desafiadas e transformadas por movimentos de consciência, impulsionados por indivíduos visionários e por ondas de despertar coletivo. A abolição da escravatura, a conquista dos direitos civis, a luta pela igualdade de género, os avanços científicos e tecnológicos, são todos exemplos de transformações da Realidade Partilhada que surgiram da mudança de consciência e de crenças coletivas.

Nesta era da informação e da interconexão global, o potencial para a transformação da Consciência Coletiva é ainda maior e mais rápido. Através da internet, das redes sociais e da comunicação instantânea, as ideias, as informações e as novas perspetivas podem espalhar-se rapidamente, influenciando um número crescente de consciências individuais e contribuindo para a mudança de crenças coletivas em escala global.

O propósito deste livro, "A Dança da Projeção: Cocriando a Sua Realidade Consciente", é precisamente este: contribuir para o despertar individual e para a transformação da Consciência Coletiva. Ao apresentar a hipótese da projeção consciente como uma verdade absoluta, ao desvendar os mecanismos da cocriação, ao fornecer ferramentas e técnicas práticas para transformar pensamentos e crenças, pretendemos capacitar cada leitor a tornar-se um agente de mudança consciente, a transcender as limitações da Realidade Partilhada e a cocriar uma realidade mais harmoniosa, abundante e evolutiva, tanto a nível individual como coletivo.

Cada mente desperta é uma centelha capaz de iluminar a vastidão da Consciência Coletiva, e cada mudança individual reverbera no todo, abrindo novas possibilidades para a realidade partilhada. Se reconhecermos o nosso papel ativo na cocriação do mundo, podemos escolher, de forma intencional, quais os paradigmas que desejamos fortalecer e quais os limites que estamos prontos para transcender. A evolução da realidade coletiva não é um fenômeno externo ou distante, mas um reflexo da transformação que ocorre dentro de cada um de nós.

Capítulo 8
Reconhecendo o Seu Poder

A realidade que você experimenta não é um acaso ou um destino imutável, mas sim um reflexo direto da sua consciência, das suas crenças e da intenção que projeta no mundo. O poder de moldar sua experiência sempre esteve dentro de você, aguardando o momento em que você escolheria reconhecê-lo e utilizá-lo conscientemente. Agora, mais do que compreender teoricamente essa verdade, é o momento de vivenciá-la. A transformação ocorre quando você deixa de se perceber como um espectador passivo da vida e assume seu papel de cocriador, capaz de direcionar a projeção da sua realidade com clareza, propósito e intenção.

Agora, deixamos para trás a exploração teórica e entramos no domínio da ação prática. O nosso foco muda do *compreender* para o *fazer*, do *conhecer* para o *aplicar*. O objetivo desta parte do livro é capacitá-lo a dominar a arte da cocriação consciente, a despertar para o seu Projetor Interior e a reconhecer o poder que reside em si para moldar a sua realidade e a sua experiência de vida.

Este segmento marca o ponto de viragem na nossa jornada. É um chamamento ao despertar, um convite para que deixe de se ver como um mero observador passivo da realidade e comece a reconhecer o seu papel ativo e criativo como cocriador consciente. É o momento de reclamar o seu poder inato, de assumir a responsabilidade pela sua projeção e de começar a dançar em harmonia com a corrente da criação.

Durante muito tempo, a humanidade viveu sob a ilusão de ser vítima das circunstâncias, de ser impotente perante as forças "externas" do destino, da sorte ou de um "Deus" caprichoso e distante. Fomos condicionados a acreditar que a realidade é algo que nos acontece *a nós*, algo sobre o qual temos pouco ou nenhum controlo. Esta crença limitante na impotência tem sido perpetuada de geração em geração, aprisionando-nos em padrões de passividade, medo e resignação.

A hipótese da projeção consciente reverte completamente este paradigma. Ela revela que a realidade não é algo que nos acontece *a nós*, mas sim algo que é projetado *por nós*, através da nossa consciência, dos nossos pensamentos e das nossas crenças. Nós não somos vítimas da realidade, nós somos os cocriadores da realidade. Nós não somos espectadores passivos, nós somos os artistas conscientes da nossa própria experiência de vida.

Este reconhecimento é profundamente empoderador. Ele retira-nos do papel de vítimas e coloca-nos no lugar de agentes de mudança, de mestres do nosso próprio destino. Ele revela que não estamos à mercê de forças "externas", mas sim que possuímos um poder interior imenso, a capacidade de influenciar e transformar a realidade de acordo com as nossas intenções e desejos.

Despertar para o seu Projetor Interior significa reconhecer este poder inato que reside em si. Significa compreender a sério, a nível visceral, que os seus pensamentos, as suas crenças, as suas emoções e as suas intenções são forças criativas poderosas, capazes de moldar a sua experiência e o mundo que o rodeia. Significa internalizar a verdade de que você não é apenas um fragmento da Consciência Única, mas também um canal através do qual a Consciência Única se expressa e se manifesta na projeção.

Este despertar não é apenas uma compreensão intelectual, uma mera aceitação de uma teoria. É uma transformação profunda da consciência, uma mudança de paradigma que reverbera em todos os aspectos da sua vida. Quando você verdadeiramente desperta para o seu Projetor Interior, a sua forma de ver o mundo, de se relacionar consigo mesmo e com os outros, de encarar os desafios e de perseguir os seus sonhos, muda radicalmente.

O medo dá lugar à confiança, a dúvida transforma-se em certeza, a impotência cede espaço ao empoderamento. Você deixa de se sentir à deriva num mar de incertezas e começa a navegar com intenção, com clareza e com a consciência do seu poder criativo. A vida deixa de ser uma luta árdua e transforma-se numa aventura emocionante, numa dança consciente com a projeção.

Este despertar para o Projetor Interior é um processo gradual, uma jornada contínua de autodescoberta e expansão da consciência. Não acontece da noite para o dia, como um passe de mágica. Requer intenção, dedicação, prática e, acima de tudo, abertura de mente e coração. Mas a recompensa é imensa: a liberdade de cocriar conscientemente a sua realidade, de manifestar os seus desejos mais autênticos e de viver uma vida plena de significado, propósito e alegria.

Ao longo desta Parte II do livro, iremos guiá-lo passo a passo neste processo de despertar e empoderamento. Iremos apresentar ferramentas práticas, técnicas eficazes e exercícios transformadores para o ajudar a reconhecer, desenvolver e dominar o seu poder de projeção consciente. Iremos explorar os princípios fundamentais da cocriação, desvendar os segredos da manifestação e capacitá-lo a tornar-se um artista consciente da sua própria vida.

O primeiro passo nesta jornada é reconhecer e internalizar a mensagem central deste capítulo: você é um Projetor Interior, você tem poder. Comece por questionar as crenças limitantes que o aprisionam na ilusão da impotência. Reavalie a forma como se vê a si mesmo e ao seu papel na criação da sua realidade. Abra-se à possibilidade de que a sua vida não é um produto do acaso ou do destino, mas sim uma obra em constante criação, da qual você é o principal artista e cocriador.

Para o ajudar a internalizar esta verdade e a dar o primeiro passo rumo ao despertar do seu Projetor Interior, convido-o a realizar o seguinte exercício prático:

Exercício: Reconhecendo o Meu Poder de Projetor

Reserve um momento de tranquilidade e introspeção, num local onde se sinta confortável e sem interrupções. Respire fundo algumas vezes, relaxe o seu corpo e a sua mente, e centre a sua atenção no momento presente.

Reflicta sobre as seguintes perguntas, permitindo que as respostas surjam naturalmente do seu interior, sem julgamento ou crítica:

Em que áreas da minha vida me sinto impotente ou vítima das circunstâncias?

Quais são as crenças limitantes que me fazem sentir assim?

Como seria a minha vida se eu realmente acreditasse que tenho o poder de cocriar a minha realidade?

Quais são os meus desejos mais profundos e autênticos para a minha vida?

O que eu começaria a fazer de diferente se reconhecesse plenamente o meu poder de Projetor Interior?

Escreva as suas reflexões num diário ou num caderno. Não se preocupe com a forma ou com a gramática, apenas deixe fluir as suas ideias e os seus sentimentos no papel.

Releia as suas anotações e sublinhe as frases ou as ideias que mais ressoam consigo, que lhe trazem uma sensação de inspiração, de esperança ou de empoderamento.

Crie uma declaração de poder pessoal, baseada nas suas reflexões e nos seus desejos. Esta declaração deve ser uma afirmação concisa e poderosa que expresse o seu reconhecimento do seu poder de Projetor Interior e a sua intenção de cocriar conscientemente a sua realidade. Por exemplo: "Eu reconheço o meu poder de Projetor Interior e cocrio conscientemente a minha vida com alegria e abundância", ou "Eu sou o artista da minha realidade e manifesto os meus sonhos com confiança e gratidão".

Repita a sua declaração de poder pessoal diariamente, de manhã e à noite, ou sempre que sentir necessidade de se reconectar com o seu poder interior. Sinta as palavras ressoarem em si, visualize-se a viver a realidade que deseja cocriar, e abrace a certeza de que o seu poder de Projetor Interior é real e está sempre presente, à sua disposição.

Este exercício é apenas o primeiro passo na sua jornada de despertar para o seu Projetor Interior. Ao longo dos próximos capítulos, iremos aprofundar cada vez mais este processo, fornecendo-lhe ferramentas e técnicas cada vez mais poderosas para dominar a arte da cocriação consciente. Mas lembre-se sempre deste princípio fundamental: o poder está em si. Você é o Projetor Interior, e a dança da projeção está à sua espera para ser liderada pela sua consciência, pela sua intenção e pelo seu amor. Desperte para o seu poder e comece a cocriar a vida dos seus sonhos!

Capítulo 9
O Primeiro Passo

A jornada rumo à cocriação consciente começa com um despertar essencial: a consciência plena dos seus pensamentos. Se a sua mente é a origem da projeção da realidade, então observar e compreender o fluxo dos seus pensamentos é o primeiro passo para assumir o controle desse processo. Sem essa consciência, você permanece preso a padrões automáticos, muitas vezes herdados e limitantes, que influenciam a sua experiência sem que perceba. Quando aprende a observar seus pensamentos com clareza e discernimento, sem julgamentos ou resistências, você adquire o poder de transformar sua realidade de forma intencional e alinhada com seus desejos mais profundos.

Se os pensamentos são a linguagem da projeção, as sementes da sua realidade, então tornar-se consciente dos seus pensamentos é essencial para a cocriação consciente. Sem consciência dos seus padrões de pensamento, você estará a projetar a sua realidade de forma automática, inconsciente, muitas vezes repetindo padrões negativos, limitantes e indesejados, herdados da sua programação passada e da Consciência Coletiva. É como tentar conduzir um carro com os olhos vendados:

você pode até estar a mover-se, mas a direção e o destino serão incertos e potencialmente perigosos.

Cultivar a consciência dos seus pensamentos é o equivalente a abrir os olhos para o seu mundo interior. É começar a observar o fluxo da sua mente com atenção, curiosidade e discernimento. É dar-se conta dos pensamentos que o atravessam a mente a cada instante, reconhecendo a sua natureza, a sua qualidade, o seu impacto energético. É deixar de ser arrastado pelo turbilhão da mente automática e começar a dirigir conscientemente o seu processo de pensamento.

Este pode parecer um passo simples, até óbvio, mas para a maioria das pessoas, viver no piloto automático mental é a norma. Estamos tão habituados ao ruído constante da mente, ao fluxo incessante de pensamentos, preocupações, julgamentos e divagações, que raramente paramos para observar este processo com atenção consciente. Deixamos que os pensamentos nos dominem, nos arrastem, nos condicionem, sem sequer nos apercebermos do seu poder criativo e do seu impacto na nossa realidade.

O primeiro passo para cultivar a consciência dos seus pensamentos é a prática da auto-observação. É reservar momentos do seu dia para parar, silenciar o ruído externo e direcionar a sua atenção para o seu mundo interior. Não se trata de tentar parar os pensamentos, de "esvaziar a mente" à força, o que pode ser frustrante e contraproducente no início. Trata-se sim de observar os pensamentos que surgem, como se fosse um observador imparcial, um cientista a estudar um fenómeno natural.

Imagine-se sentado à beira de um rio, a observar a água a correr. Você não tenta parar o rio, nem lutar contra a correnteza. Você simplesmente senta-se e observa o fluxo da água, as ondulações, os remansos, os objetos que flutuam à deriva. Da mesma forma, na prática da auto-observação, você senta-se em silêncio e observa o fluxo dos seus pensamentos, sem se envolver, sem julgar, sem tentar controlar. Você apenas testemunha o movimento da sua mente.

Existem diversas técnicas de mindfulness e meditação que podem auxiliar neste processo de cultivo da consciência dos pensamentos. A meditação mindfulness, em particular, é uma ferramenta poderosa para treinar a mente a focar-se no momento presente e a observar os pensamentos com distanciamento e clareza. Na meditação mindfulness, você pode focar-se na respiração, nas sensações corporais, nos sons ambientes ou, especificamente, no fluxo dos seus pensamentos.

Ao observar os seus pensamentos de forma consciente, você começa a identificar padrões recorrentes, temas dominantes e tendências habituais da sua mente. Você pode começar a perceber que certos tipos de pensamentos surgem repetidamente, em determinadas situações ou momentos do dia. Você pode notar que alguns pensamentos são predominantemente negativos, críticos, medrosos ou autocríticos, enquanto outros são mais positivos, criativos, inspiradores ou compassivos.

Este processo de auto-observação permite-lhe distanciar-se dos seus pensamentos, deixar de se identificar totalmente com eles e começar a vê-los como fenómenos mentais, como eventos que ocorrem na sua consciência, mas que não definem quem você é. Você percebe que você não é os seus pensamentos, você é o observador dos seus pensamentos, a consciência que testemunha o fluxo da mente.

Ao ganhar este distanciamento, você começa a desenvolver discernimento em relação aos seus pensamentos. Você aprende a questionar a sua validade, a avaliar o seu impacto e a escolher conscientemente quais pensamentos quer nutrir e fortalecer, e quais quer deixar ir ou transformar. Você deixa de ser um mero recetor passivo dos seus pensamentos e torna-se um gestor consciente da sua paisagem mental.

Cultivar a consciência dos pensamentos não é apenas sobre observar os pensamentos que surgem espontaneamente na sua mente. É também sobre monitorizar o seu diálogo interno, a "conversa" que você tem consigo mesmo ao longo do dia. Preste atenção às afirmações, às perguntas, aos julgamentos e aos comentários que você dirige a si mesmo. Este diálogo interno, muitas vezes silencioso e subconsciente, tem um poderoso impacto na sua autoestima, na sua confiança e na sua realidade projetada.

Se o seu diálogo interno for predominantemente negativo e autocrítico, se você se criticar constantemente, se se duvidar das suas capacidades, se se focar nos seus defeitos e nas suas falhas, então você estará a projetar uma realidade correspondente, onde a autoconfiança, o sucesso e a alegria serão mais difíceis de alcançar. Por outro lado, se você cultivar um diálogo interno positivo, encorajador e compassivo, se se tratar com gentileza e compreensão, se se focar nos seus pontos fortes e nas suas qualidades, então você estará a projetar uma realidade mais favorável, onde a autoestima, a confiança e o bem-estar florescerão.

A prática da consciência dos pensamentos convida-o a substituir padrões de pensamento negativos e limitantes por padrões de pensamento positivos e potenciadores. Não se trata de reprimir ou negar os pensamentos negativos, mas sim de reconhecê-los conscientemente, compreender a sua origem e escolher conscientemente direcionar a sua atenção para pensamentos mais construtivos e benéficos. É como substituir ervas daninhas por flores num jardim: você não ignora as ervas daninhas, mas sim remove-as com cuidado e planta sementes de flores no seu lugar.

Para começar a cultivar a consciência dos seus pensamentos no seu dia a dia, pode utilizar algumas técnicas práticas:

Reserve momentos diários para a meditação mindfulness: Comece com sessões curtas de 5 a 10 minutos e vá aumentando gradualmente o tempo de meditação. Foque-se na respiração ou nas sensações corporais e, quando os pensamentos surgirem, observe-os sem julgamento, deixando-os passar como nuvens no céu.

Faça "pausas conscientes" ao longo do dia: Várias vezes ao dia, pare por alguns instantes, feche os olhos e pergunte-se: "Quais são os meus pensamentos neste momento?". Observe os pensamentos que surgem sem se envolver neles, apenas como um observador.

Mantenha um "diário de pensamentos": No final do dia, reserve alguns minutos para refletir sobre os seus pensamentos ao longo do dia. Anote os padrões recorrentes, os temas dominantes, os pensamentos positivos e negativos que identificou. Este diário ajudá-lo-á a tornar-se mais consciente dos seus padrões de pensamento habituais.

Pratique a "etiqueta mental": Torne-se mais atento ao seu diálogo interno e escolha conscientemente as palavras que usa para se dirigir a si mesmo. Substitua a autocrítica por autocompaixão, a dúvida por confiança, o pessimismo por otimismo. Trate a sua mente com a mesma gentileza e respeito que trataria um amigo querido.

Utilize "lembretes conscientes": Coloque pequenos lembretes visuais no seu ambiente (post-its, alarmes no telemóvel, etc.) que o incentivem a parar e a observar os seus pensamentos ao longo do dia. Estes lembretes podem ser palavras como "Pense!", "Observe!", "Consciência!", ou qualquer outra palavra ou frase que ressoe consigo.

Cultivar a consciência dos seus pensamentos é um processo contínuo e gradual. Não espere resultados da noite para o dia. Seja paciente consigo mesmo, celebre os pequenos progressos e continue a praticar com persistência e dedicação. À medida que a sua consciência dos pensamentos se aprofunda, você começará a sentir o poder transformador desta prática na sua vida. Você tornar-se-á mais presente, mais focado, mais equilibrado, mais consciente das suas escolhas e, acima de tudo, mais capacitado para cocriar conscientemente a realidade que deseja experienciar.

Com o tempo, esse despertar para os próprios pensamentos deixará de ser um exercício pontual e se tornará um estado natural de presença e discernimento. Você perceberá que a realidade que experimenta não é um acaso, mas uma consequência direta do que cultiva internamente. A cada instante, ao escolher conscientemente onde colocar sua atenção e quais pensamentos nutrir, você estará dando novos comandos à projeção da sua vida. E assim, passo a passo, a transformação acontece – de dentro para fora, do invisível para o tangível, do pensamento para a manifestação.

Capítulo 10
Libertando Crenças Limitantes

A realidade que você projeta é diretamente influenciada pelas crenças que carrega, muitas das quais operam de forma inconsciente, moldando silenciosamente suas experiências e limitando seu potencial. Essas crenças limitantes são como filtros que distorcem a projeção da sua consciência, criando barreiras invisíveis entre você e a vida que deseja manifestar. Para libertar-se dessas restrições, é essencial identificá-las, questioná-las e substituí-las por crenças potenciadoras que reflitam sua verdadeira essência e capacidade criativa. Ao limpar a tela da sua mente, você abre espaço para uma projeção mais autêntica, expansiva e alinhada com o seu poder ilimitado.

As crenças limitantes são como programas de software defeituosos que correm em segundo plano na nossa mente, sabotando os nossos esforços de projeção positiva e impedindo-nos de manifestar a realidade que desejamos. São convicções profundamente enraizadas que mantemos como verdades sobre nós mesmos, sobre o mundo e sobre a natureza da realidade, mas que, na verdade, nos restringem, nos limitam e nos aprisionam em padrões de negatividade, escassez e sofrimento.

Imagine um ecrã de cinema sujo e riscado. Mesmo que o projetor seja potente e o filme seja belíssimo, a imagem que será projetada no ecrã estará distorcida, manchada e incompleta, devido às imperfeições do ecrã. Da mesma forma, as crenças limitantes atuam como "riscos e manchas" no ecrã da nossa mente, distorcendo a projeção da nossa realidade, mesmo que as nossas intenções sejam positivas e os nossos desejos sejam genuínos.

As crenças limitantes foram sendo formadas ao longo da nossa vida, desde a infância, através das nossas experiências passadas, da nossa educação, da nossa cultura, das nossas interações sociais e da influência da Consciência Coletiva. Muitas vezes, internalizamo-las de forma inconsciente, sem questionar a sua validade, aceitando-as como "verdades" imutáveis sobre a vida e sobre nós mesmos.

Alguns exemplos comuns de crenças limitantes incluem:

"Eu não sou bom o suficiente."

"Eu não mereço ser feliz."

"A vida é difícil e sofrida."

"O dinheiro é a raiz de todos os males."

"É preciso trabalhar arduamente para ter sucesso."

"Eu não sou inteligente/talentoso/capaz o suficiente para alcançar os meus sonhos."

"Eu não mereço ser amado/a."

"O mundo é um lugar perigoso e hostil."

"É impossível mudar."

"Eu sou azarado/a."

Estas crenças, e muitas outras semelhantes, atuam como filtros da perceção, moldando a forma como vemos o mundo e como interpretamos as nossas experiências. Elas influenciam os nossos pensamentos, as nossas emoções, os nossos comportamentos e, em última instância, a realidade que projetamos e atraímos para as nossas vidas. Se você acredita, mesmo que inconscientemente, que "não é bom o suficiente", tenderá a sabotar os seus próprios esforços, a duvidar das suas capacidades e a atrair situações que confirmem essa crença limitante. Se acredita que "o dinheiro é a raiz de todos os males", poderá inconscientemente afastar a prosperidade da sua vida, mesmo que deseje ser rico conscientemente.

Libertar as crenças limitantes é essencial para limpar a tela da mente e permitir que a projeção da realidade desejada se manifeste de forma clara e completa. É como limpar e polir o ecrã do cinema, removendo os riscos e as manchas, para que a imagem projetada possa brilhar em toda a sua beleza e nitidez. Sem limpar a tela das crenças limitantes, os nossos esforços de cocriação consciente podem ser frustrados, minados pela força invisível destes programas de software defeituosos.

O processo de libertação de crenças limitantes envolve três passos fundamentais:

1. Identificação: O primeiro passo é tornar-se consciente das suas crenças limitantes. Muitas vezes, estas crenças operam no subconsciente, de forma automática e invisível. É preciso trazer estas crenças à luz da consciência, identificá-las e reconhecê-las como

padrões de pensamento limitantes que estão a sabotar a sua cocriação.

Para identificar as suas crenças limitantes, pode recorrer a diversas técnicas:

Auto-reflexão e introspeção: Reserve momentos de tranquilidade para refletir sobre as áreas da sua vida onde se sente bloqueado, insatisfeito ou com dificuldades. Pergunte-se: "Quais são as crenças que eu tenho sobre esta área da minha vida que podem estar a limitar o meu sucesso e a minha felicidade?". Preste atenção aos seus pensamentos, emoções e sensações corporais enquanto reflete sobre estas questões.

Análise do diálogo interno: Monitore o seu diálogo interno, a "conversa" que tem consigo mesmo ao longo do dia. Identifique as afirmações negativas, as autocríticas, as dúvidas e os julgamentos que surgem repetidamente. Estas frases e padrões de pensamento podem revelar crenças limitantes subjacentes.

Observação de padrões de vida: Analise os padrões que se repetem na sua vida, as situações recorrentes, os desafios persistentes. Pergunte-se: "Que crenças eu posso ter que estão a atrair estas situações repetidamente para a minha vida?". Os padrões de vida muitas vezes refletem as nossas crenças mais profundas.

Questionamento de pressupostos: Identifique as suas "verdades" absolutas sobre a vida, sobre si mesmo e sobre o mundo. Pergunte-se: "Será que estas 'verdades' são realmente verdadeiras, ou são apenas crenças limitantes que eu internalizei ao longo do tempo?". Desafie os seus pressupostos, questione as suas certezas.

2. Desmantelamento: Uma vez identificadas as suas crenças limitantes, o segundo passo é desmantelá-las, questionar a sua validade e reconhecer que elas não são verdades imutáveis, mas sim construções mentais que podem ser alteradas. É preciso "desmascarar" as crenças limitantes, expô-las à luz da razão e da consciência, e perceber que elas não têm poder real sobre si, a menos que você lhes dê esse poder ao acreditar nelas.

Para desmantelar as suas crenças limitantes, pode utilizar as seguintes técnicas:

Questionamento lógico: Analise a crença limitante de forma lógica e racional. Pergunte-se: "Qual é a evidência real que suporta esta crença? Será que existem evidências que contradizem esta crença? Será que esta crença é realmente útil e benéfica para mim? Quais são as consequências negativas de manter esta crença?". Desafie a lógica da crença limitante e exponha as suas falhas e inconsistências.

Reinterpretação da experiência: Reexamine as experiências passadas que podem ter contribuído para a formação da crença limitante. Procure reinterpretar essas experiências sob uma nova perspetiva, mais positiva e potenciadora. Perceba que as experiências passadas não definem o seu futuro, e que você tem o poder de aprender com o passado e de criar um futuro diferente.

Busca por exceções: Procure exemplos de exceções à crença limitante, momentos em que essa crença não se manifestou na sua vida, ou em que outras pessoas superaram limitações semelhantes. Estas exceções demonstram que a crença limitante não é uma lei universal e imutável, mas sim um padrão de pensamento que pode ser quebrado.

3. Substituição: O passo final para libertar as crenças limitantes é substituí-las por crenças potenciadoras. Não basta apenas eliminar as crenças negativas, é preciso plantar novas sementes de crenças positivas e construtivas no seu lugar, para preencher o vazio e direcionar a sua projeção para a realidade desejada. É como substituir as ervas daninhas por flores no jardim: depois de remover as ervas daninhas, é preciso semear e cultivar flores bonitas e nutritivas.

Para substituir as suas crenças limitantes por crenças potenciadoras, pode utilizar as seguintes técnicas:

Afirmações positivas: Crie afirmações positivas que expressem as crenças que você deseja internalizar, as qualidades que deseja cultivar e a realidade que deseja manifestar. As afirmações devem ser frases curtas, positivas, no presente e carregadas de emoção. Repita estas afirmações diariamente, com convicção e fé, para reprogramar o seu subconsciente com novas crenças potenciadoras. Exemplos de afirmações: "Eu sou capaz e merecedor/a de alcançar os meus sonhos", "A vida é abundante e cheia de oportunidades", "Eu sou amado/a e aceite incondicionalmente", "Eu confio na minha intuição e no fluxo da vida".

Visualização criativa: Utilize a visualização criativa para imaginar-se a viver a realidade desejada, como se já fosse real no presente momento. Visualize-se a agir, a sentir e a experienciar como se já possuísse as qualidades, as capacidades e as circunstâncias que deseja manifestar. A visualização fortalece as novas crenças potenciadoras e programa o seu subconsciente com imagens e emoções positivas.

Modelagem e mentoria: Procure modelos de referência, pessoas que já superaram limitações semelhantes às suas e que alcançaram o sucesso e a felicidade que você deseja. Estude as suas histórias, os seus padrões de pensamento, as suas estratégias e aprenda com os seus exemplos. Procure mentores que o possam guiar e apoiar no processo de transformação das suas crenças e de cocriação da sua realidade.

Reprogramação subliminar: Utilize recursos subliminares, como áudios ou vídeos com mensagens subliminares positivas, para reprogramar o seu subconsciente com novas crenças potenciadoras de forma mais profunda e eficaz. Estes recursos contornam a resistência da mente consciente e implantam as novas crenças diretamente no subconsciente.

A libertação de crenças limitantes é um processo contínuo e gradual. Não espere que as crenças negativas desapareçam da noite para o dia. Seja paciente consigo mesmo, persista nas práticas de identificação, desmantelamento e substituição de crenças, e celebre os pequenos progressos ao longo do caminho. À medida que você limpa a tela da sua mente das crenças limitantes, a projeção da sua realidade torna-se mais clara, mais nítida, mais alinhada com os seus desejos autênticos e mais potenciada para manifestar a vida dos seus sonhos.

Ao libertar-se das crenças que o limitam, você não apenas reescreve sua narrativa interna, mas também expande as possibilidades da sua própria realidade. Cada crença transformada é um véu que se desfaz, permitindo-lhe enxergar além das ilusões e acessar o potencial ilimitado que sempre esteve à sua disposição. Esse processo de renovação não é um evento único, mas uma jornada contínua de autodescoberta e empoderamento, onde, a cada passo, você se torna mais consciente do seu poder de cocriação e mais alinhado com a vida que verdadeiramente deseja viver.

Capítulo 11
Focando as Suas Intenções e Desejos

Agora que percorremos a jornada de despertar o nosso Projetor Interior, limpar crenças limitantes e tomar consciência da nossa capacidade de cocriação, avançamos para um momento decisivo: direcionar com clareza as nossas intenções e desejos. Assim como um jardineiro que escolhe cuidadosamente as sementes que deseja plantar, cada pensamento intencional e desejo alinhado com a nossa essência torna-se um ponto focal da nossa realidade em formação. Quando intencionamos com clareza e propósito, cultivamos um campo energético propício para manifestar experiências significativas e autênticas, transformando possibilidades em realidade concreta.

Se os pensamentos e as crenças são a linguagem da projeção, então as intenções e os desejos são o direcionamento dessa linguagem, o foco da nossa energia criativa. Intenções e desejos são como sementes que plantamos no campo da consciência, determinando o tipo de realidade que iremos colher. Se plantarmos sementes de intenções claras, focadas e alinhadas com o nosso propósito autêntico, colheremos uma realidade rica, significativa e plena de realização. Se, por outro lado, plantarmos sementes de intenções vagas, confusas ou desalinhadas com a nossa verdade interior, a colheita poderá ser incerta, frustrante e aquém do nosso potencial.

Imagine um jardineiro habilidoso que se prepara para plantar um jardim. Antes de mais, ele precisa definir claramente o que deseja cultivar. Ele quer um jardim de flores vibrantes, um pomar frutífero, uma horta de vegetais nutritivos, ou uma combinação de tudo isso? A clareza da sua intenção é o primeiro passo essencial para o sucesso do seu jardim. Se ele plantar sementes aleatoriamente, sem um plano claro, o resultado poderá ser um jardim caótico e pouco produtivo.

Da mesma forma, na cocriação consciente, a clareza das nossas intenções e desejos é fundamental. Precisamos saber o que realmente queremos manifestar na nossa realidade, definir com precisão os nossos objetivos, alinhar os nossos desejos com os nossos valores mais profundos e direcionar a nossa energia criativa de forma focada e intencional. Intenções e desejos vagos, imprecisos ou contraditórios tendem a gerar resultados semelhantes: uma realidade confusa, inconsistente e aquém do nosso potencial.

Focar as intenções e desejos não significa apenas "querer muito" alguma coisa, ou desejar de forma superficial e passageira. Significa sim direcionar a nossa atenção e a nossa energia de forma constante e consistente para aquilo que realmente queremos manifestar, cultivando um estado mental e emocional alinhado com a realidade desejada. É como direcionar a luz do sol através de uma lupa: a luz difusa tem pouco poder, mas quando focada num ponto específico, pode gerar calor intenso e até mesmo iniciar um fogo. Da mesma forma, a nossa energia criativa, quando focada em intenções e desejos claros, ganha um poder de manifestação muito maior.

O processo de focar as intenções e desejos envolve alguns passos importantes:

1. Clarificação dos Desejos Autênticos: O primeiro passo é distinguir os desejos autênticos dos desejos superficiais ou impostos. Muitas vezes, desejamos coisas que, na verdade, não ressoam com a nossa essência, que são influenciadas por expectativas sociais, pressões externas ou padrões de comparação com os outros. Estes desejos "emprestados" ou "artificiais" tendem a ter menos poder de manifestação e, mesmo que se concretizem, podem não trazer a satisfação e a alegria que esperamos.

Os desejos autênticos, por outro lado, são aqueles que nascem do nosso coração, que ressoam com a nossa alma, que se alinham com o nosso propósito de vida e com os nossos valores mais profundos. São desejos que nos inspiram, que nos motivam, que nos fazem sentir vivos e realizados. São estes desejos autênticos que têm o maior poder de manifestação, pois estão carregados com a energia da nossa verdade interior.

Para clarificar os seus desejos autênticos, pode fazer as seguintes perguntas introspectivas:

O que é que eu realmente quero experimentar na minha vida?

O que é que me traz alegria genuína e satisfação duradoura?

O que é que me faz sentir vivo e entusiasmado?

Quais são os meus valores mais importantes e como é que os meus desejos se alinham com esses valores?

Se eu pudesse ter qualquer coisa que desejasse, o que seria? (Sem limitações ou restrições)

Se eu vivesse a minha vida mais autêntica e plena de propósito, como seria essa vida?

2. Definição de Intenções Claras e Específicas: Uma vez clarificados os seus desejos autênticos, o passo seguinte é definir intenções claras e específicas para a sua manifestação. Intenções vagas e genéricas tendem a gerar resultados vagos e genéricos. Intenções claras e específicas direcionam a sua energia criativa de forma precisa e eficaz.

Em vez de dizer "Eu quero ser feliz", que é uma intenção vaga e genérica, defina intenções mais específicas, como "Eu intenciono sentir alegria e gratidão em todas as áreas da minha vida hoje", ou "Eu intenciono cultivar relacionamentos harmoniosos e significativos". Em vez de dizer "Eu quero ter mais dinheiro", defina intenções mais específicas, como "Eu intenciono atrair abundância financeira para a minha vida de forma ética e sustentável", ou "Eu intenciono gerar X valor em rendimento extra este mês".

Ao definir as suas intenções, seja o mais específico possível, incluindo detalhes sensoriais, emocionais e contextuais. Visualize-se a viver a realidade desejada, sinta as emoções positivas associadas a essa realidade, e imagine os detalhes concretos da sua manifestação. Quanto mais vívida e detalhada for a sua intenção, mais poderosa será a sua projeção.

3. Alinhamento com Valores e Propósito: Para garantir que as suas intenções sejam verdadeiramente potenciadoras e tragam realização duradoura, é crucial alinhá-las com os seus valores mais profundos e com o seu propósito de vida. Intenções desalinhadas com a sua verdade interior podem gerar conflitos internos, sabotar a sua manifestação e, mesmo que se concretizem, podem não trazer a felicidade e a satisfação que você procura.

Pergunte-se: "Como é que este desejo se alinha com os meus valores mais importantes? Como é que a manifestação desta intenção irá contribuir para o meu propósito de vida? Como é que isto irá beneficiar não apenas a mim, mas também os outros e o mundo em geral?". Intenções alinhadas com os seus valores e propósito têm um poder de manifestação muito maior, pois estão em ressonância com a sua essência mais profunda e com o fluxo da evolução da consciência.

4. Utilização de Linguagem Afirmativa e no Presente: Ao formular as suas intenções, utilize sempre linguagem afirmativa e no presente. Evite frases negativas, dúvidas ou expressões de falta ou carência. Em vez de dizer "Eu não quero mais dívidas", diga "Eu intenciono viver numa realidade de liberdade financeira e abundância". Em vez de dizer "Eu espero ter saúde", diga "Eu intenciono experienciar saúde perfeita e bem-estar em todos os níveis".

Formule as suas intenções como se a realidade desejada já fosse uma realidade presente, como se já estivesse a vivenciá-la no momento atual. Utilize frases como "Eu sou...", "Eu tenho...", "Eu sinto...", "Eu agradeço por...", no presente, com convicção e fé. A linguagem afirmativa e no presente fortalece a sua projeção mental e programa o seu subconsciente com a crença de que a realidade desejada já é uma possibilidade presente e iminente.

5. Prática da Visualização e da Emoção: Para fortalecer ainda mais as suas intenções e acelerar o processo de manifestação, combine a definição de intenções claras com a prática da visualização e da emoção. Visualize-se a viver a realidade desejada com todos os seus sentidos, imagine os detalhes, as cores, os sons, os cheiros, os sabores, as texturas. E, acima de tudo, sinta as emoções positivas associadas à manifestação da sua intenção: alegria, gratidão, entusiasmo, amor, confiança.

A visualização e a emoção intensificam a carga energética da sua projeção mental, enviando um sinal mais forte e claro para a matriz da projeção. É como adicionar combustível de alta octanagem ao motor da sua cocriação consciente, acelerando o processo de manifestação e tornando-o mais poderoso e eficaz.

Para começar a plantar as sementes da sua realidade desejada, realize o seguinte exercício prático:

Exercício: Plantando as Sementes das Suas Intenções

Reserve um tempo tranquilo e inspire-se com música suave ou um ambiente natural relaxante.

Revisite as suas reflexões do exercício do Capítulo 8, onde clarificou os seus desejos autênticos e o seu poder de Projetor Interior.

Escolha uma área da sua vida onde deseja manifestar uma mudança positiva (saúde, relacionamentos, prosperidade, propósito, etc.).

Defina uma intenção clara e específica para essa área da sua vida, seguindo os princípios que exploramos neste capítulo:

Clarifique o seu desejo autêntico, alinhado com os seus valores.

Seja o mais específico possível na definição da sua intenção.

Alinhe a sua intenção com o seu propósito de vida e com o bem maior.

Utilize linguagem afirmativa e no presente.

Escreva a sua intenção de forma clara e concisa num papel ou num diário. Por exemplo: "Eu intenciono experienciar saúde radiante e vitalidade em todos os níveis do meu ser", ou "Eu intenciono atrair um relacionamento amoroso, harmonioso e significativo para a minha vida".

Visualize-se a viver a realidade desejada com todos os seus sentidos, durante alguns minutos. Imagine os detalhes, as cores, os sons, os cheiros, os sabores, as texturas. Sinta as emoções positivas de alegria, gratidão e entusiasmo a preencherem o seu ser.

Repita a sua intenção em voz alta ou mentalmente, com convicção e fé, várias vezes ao dia. Sinta a energia da sua intenção a vibrar em cada célula do seu corpo.

Agradeça antecipadamente pela manifestação da sua intenção, como se ela já fosse uma realidade presente. A gratidão fortalece a sua projeção e abre o caminho para a manifestação.

Libere a sua intenção para o universo, confiando que a projeção irá manifestar-se no momento perfeito e da forma mais apropriada. Desapegue-se do resultado específico e confie no fluxo da vida.

Este exercício é o início da sua prática de plantar as sementes das suas intenções. À medida que você repete este processo regularmente, em diferentes áreas da sua vida, e com cada vez maior clareza, foco e emoção, você começará a experienciar o poder transformador de focar as suas intenções e desejos na cocriação consciente da sua realidade. Plante as sementes com confiança, regue-as com fé e prepare-se para colher uma realidade abundante e maravilhosa!

Capítulo 12
O Poder da Visualização

A visualização é uma ferramenta poderosa que fortalece a nossa capacidade de cocriação consciente, permitindo-nos moldar a realidade a partir da mente. Quando imaginamos uma cena com clareza e emoção, estamos a transmitir ao subconsciente uma mensagem clara sobre o que desejamos manifestar. A mente não distingue entre o real e o intensamente visualizado, o que significa que, ao criarmos imagens mentais detalhadas e carregadas de sentimento, ativamos mecanismos internos que nos impulsionam em direção à concretização dessas experiências. Esse processo não apenas reforça a crença na manifestação, mas também alinha nossas emoções e energia com a realidade desejada, acelerando sua materialização.

A visualização criativa é a arte de usar a nossa imaginação para criar imagens mentais vívidas e detalhadas da realidade que desejamos cocriar. É como pintar um quadro da nossa vida ideal na tela da nossa mente, usando todos os nossos sentidos e emoções para tornar essa imagem o mais real e envolvente possível. A visualização não é apenas "sonhar acordado" de forma passiva, mas sim um processo ativo e intencional de direcionar a nossa energia criativa para a manifestação da realidade desejada.

Se os pensamentos e as crenças são a linguagem da projeção, e as intenções e desejos são o foco dessa linguagem, então a visualização é a gramática e a sintaxe dessa linguagem em ação. A visualização dá forma, cor, movimento e emoção aos nossos pensamentos, crenças e intenções, tornando a nossa projeção mental mais poderosa, mais coerente e mais eficaz. É como transformar uma ideia abstrata num projeto concreto, num blueprint detalhado que guia a construção da realidade.

Como funciona o poder da visualização?

A visualização funciona porque a mente subconsciente não distingue entre a realidade "real" e a realidade vividamente imaginada. Quando visualizamos algo com clareza, detalhe e emoção, o nosso subconsciente regista essa imagem mental como se fosse uma experiência real, e começa a trabalhar para a manifestar na nossa realidade externa. É como se estivéssemos a enviar um "download" da realidade desejada para o nosso subconsciente, programando-o para atrair e criar experiências correspondentes.

Além disso, a visualização fortalece a nossa crença na possibilidade da manifestação. Ao visualizarmos repetidamente a realidade desejada, começamos a sentir que ela é real, que ela é possível, que ela já está a caminho de se concretizar. Esta crença fortalecida envia um sinal ainda mais poderoso para a matriz da projeção, acelerando o processo de manifestação e dissipando dúvidas e resistências internas.

A visualização também alinha as nossas emoções com a realidade desejada. Ao envolvermos as emoções positivas na visualização – alegria, gratidão, entusiasmo, amor – elevamos a nossa frequência vibracional e atraímos para a nossa vida experiências que ressoam com essa frequência. As emoções são um poderoso catalisador da manifestação, e a visualização é uma ferramenta eficaz para direcionar as nossas emoções de forma consciente e intencional.

Técnicas eficazes de visualização:

Para utilizar o poder da visualização de forma eficaz na cocriação consciente, é importante seguir algumas técnicas e princípios chave:

Envolva todos os seus sentidos: Não se limite a visualizar apenas imagens visuais na sua mente. Procure envolver todos os seus sentidos na visualização:

Visão: Veja com os olhos da mente a realidade desejada com o máximo de detalhes possível. Cores, formas, luzes, movimentos, cenários, pessoas.

Audição: Ouça os sons associados à realidade desejada. Vozes, música, sons da natureza, ruídos ambientes.

Olfato: Sinta os cheiros característicos da realidade desejada. Perfumes, aromas, cheiros do ambiente.

Paladar: Saboreie os gostos associados à realidade desejada. Comida, bebida, sabores do ambiente.

Tato: Sinta as texturas e as sensações físicas da realidade desejada. Toque, temperatura, pressão, vibração.

Quanto mais sensorial for a sua visualização, mais real e envolvente ela se tornará para o seu subconsciente, e mais poderosa será a sua projeção.

Envolva as suas emoções: A visualização não é apenas um exercício mental, mas também emocional. Procure sentir as emoções positivas associadas à realidade desejada enquanto a visualiza: alegria, gratidão, amor, entusiasmo, confiança, paz. Sinta estas emoções a preencherem o seu coração, a vibrarem em cada célula do seu corpo, a irradiarem-se para a sua realidade.

A emoção é o combustível da visualização, o que lhe dá força e poder de manifestação. Quanto mais intensas e genuínas forem as suas emoções positivas durante a visualização, mais eficaz ela será.

Crie imagens vívidas e detalhadas: Não se contente com visualizações vagas e genéricas. Procure criar imagens mentais o mais vívidas e detalhadas possível, como se estivesse a ver um filme da sua realidade desejada. Preste atenção aos pequenos detalhes, às cores, às formas, aos movimentos, aos rostos das pessoas, aos objetos do ambiente.

Quanto mais detalhada for a sua visualização, mais real e concreta ela se tornará para o seu subconsciente, e mais fácil será para a sua mente manifestá-la na realidade externa.

Visualize regularmente e consistentemente: A visualização não é uma técnica "mágica" que funciona instantaneamente com uma única sessão. Para obter resultados eficazes, é preciso visualizar regularmente e consistentemente, idealmente todos os dias, durante alguns minutos. A consistência e a repetição fortalecem a sua projeção mental e programam o seu subconsciente de forma gradual e duradoura.

Defina um horário específico para a sua prática de visualização, de preferência num momento do dia em que se sinta relaxado e tranquilo, como de manhã ao acordar ou à noite antes de dormir. Crie um ritual pessoal para a sua visualização, acendendo uma vela, usando incenso ou ouvindo música suave, para criar um ambiente propício e inspirador.

Visualize no presente momento: Visualize a realidade desejada como se já fosse uma realidade presente, como se já a estivesse a viver no momento atual. Evite visualizar no futuro, como algo que "irá acontecer um dia". O subconsciente responde melhor a imagens e emoções do presente momento, pois interpreta-as como realidades atuais.

Utilize afirmações no presente durante a visualização, como "Eu sou saudável e cheio de energia", "Eu tenho abundância financeira e prosperidade em todas as áreas da minha vida", "Eu vivo relacionamentos amorosos e harmoniosos". Sinta a realidade desejada como se já fosse sua, no "aqui e agora".

Para o ajudar a começar a praticar o poder da visualização, proponho o seguinte exercício de visualização guiada, focado na área da saúde e bem-estar:

Exercício de Visualização Guiada: Saúde Radiante e Vitalidade

Encontre um local tranquilo onde possa relaxar sem interrupções por 10-15 minutos. Sente-se ou deite-se confortavelmente, feche os olhos e respire fundo algumas vezes para relaxar o seu corpo e a sua mente.

Visualize o seu corpo a irradiar saúde e vitalidade. Veja cada célula do seu corpo a brilhar com energia vibrante, cheia de luz e vida. Imagine a sua pele luminosa e saudável, os seus olhos brilhantes e cheios de energia, o seu corpo forte e flexível.

Envolva os seus sentidos na visualização da sua saúde perfeita:

Visão: Veja-se a praticar atividades físicas que adora, com facilidade e alegria. Correr, dançar, nadar, caminhar na natureza, o que quer que ressoe consigo. Veja o seu corpo a mover-se com graça, força e vitalidade.

Audição: Ouça o som da sua respiração profunda e relaxada, o ritmo forte e saudável do seu coração, o seu riso contagiante e cheio de energia.

Tato: Sinta a sensação de bem-estar e conforto no seu corpo. Sinta a energia a vibrar em cada célula, a força nos seus músculos, a leveza nos seus movimentos.

Paladar: Saboreie alimentos saudáveis e nutritivos que nutrem o seu corpo e lhe dão energia e vitalidade. Frutas frescas, vegetais saborosos, água pura e revigorante.

Olfato: Sinta o aroma fresco e revigorante do ar puro a entrar nos seus pulmões, o perfume das flores da natureza, o cheiro saudável do seu corpo limpo e energizado.

Sinta as emoções positivas associadas à sua saúde perfeita e bem-estar: alegria, gratidão, vitalidade, energia, confiança, paz interior. Permita que estas emoções preencham o seu ser, que se expandam para além do seu corpo, irradiando-se para toda a sua realidade.

Repita afirmações positivas sobre a sua saúde e bem-estar durante a visualização: "Eu sou saudável e cheio de energia", "O meu corpo é forte, saudável e vibrante", "Eu amo e cuido do meu corpo com gratidão e respeito", "Eu mereço saúde perfeita e bem-estar em todos os níveis".

Agradeça antecipadamente ao universo pela sua saúde radiante e vitalidade, como se já fosse uma realidade presente. Sinta a gratidão a preencher o seu coração e a expandir-se para a sua realidade.

Permaneça neste estado de visualização e emoção positiva por 5-10 minutos, desfrutando da sensação de saúde perfeita e bem-estar. Quando se sentir pronto, abra os olhos e regresse ao momento presente, levando consigo a energia vibrante da sua visualização.

Dicas para uma visualização bem-sucedida:

Relaxe o corpo e a mente antes de começar a visualizar. Utilize técnicas de respiração profunda, meditação ou relaxamento muscular para acalmar a mente e libertar tensões corporais.

Comece com sessões curtas de visualização e vá aumentando gradualmente a duração à medida que se sentir mais confortável e confiante.

Seja paciente e persistente. A visualização é uma habilidade que se desenvolve com a prática. Não desanime se não vir resultados imediatos. Continue a praticar regularmente, com fé e persistência, e os resultados começarão a manifestar-se na sua realidade.

Acredite no seu poder de visualizar e manifestar. A sua crença é um ingrediente essencial para o sucesso da visualização. Confie na sua capacidade de criar a realidade desejada através da sua projeção mental.

O poder da visualização é uma ferramenta extraordinária para a cocriação consciente. Ao pintar a realidade desejada na tela da sua mente, com todos os seus sentidos e emoções, você fortalece a sua projeção mental, programa o seu subconsciente para o sucesso e acelera o processo de manifestação. Comece a praticar a visualização regularmente, em diferentes áreas da sua vida, e prepare-se para testemunhar o poder transformador desta arte na cocriação da realidade dos seus sonhos. Pinte a sua realidade desejada com cores vibrantes e emoções radiantes, e observe a magia da projeção a manifestar-se na sua vida!

Capítulo 13
Declarando a Sua Nova Realidade

Declarar a sua nova realidade é um ato poderoso de cocriação consciente. Quando afirmações positivas são repetidas com convicção e emoção, tornam-se sementes plantadas no subconsciente, substituindo crenças limitantes por uma nova programação mental alinhada com os seus desejos. Assim como um decreto emitido com autoridade, cada afirmação direciona a sua energia e fortalece o seu campo vibracional, permitindo que a realidade se molde de acordo com essa nova frequência. Ao transformar palavras em declarações firmes, você abre caminho para uma manifestação mais clara, acelerando o processo de materialização dos seus sonhos.

As afirmações são declarações positivas, formuladas no presente, que expressam a realidade que você deseja cocriar. São frases concisas e poderosas que você repete regularmente, com convicção e fé, para reprogramar o seu subconsciente com crenças potenciadoras e direcionar a sua energia para a manifestação dos seus desejos. As afirmações são como decretos que você emite para o universo, declarando a sua intenção de viver uma nova realidade e convidando-a a manifestar-se na sua experiência.

Se os pensamentos e as crenças são a linguagem da projeção, e a visualização é a gramática e sintaxe, então as afirmações são a voz e a pronúncia dessa linguagem. As afirmações dão som, ritmo e intenção vocal à sua projeção mental, tornando-a mais audível, mais ressonante e mais impactante para o universo. É como transformar um pensamento silencioso numa declaração audaciosa e confiante, que ecoa na realidade e a convida a responder.

Como funcionam as afirmações?

As afirmações funcionam porque a repetição constante de declarações positivas programa a mente subconsciente. O subconsciente é como um "disco rígido" da mente, onde estão armazenadas as nossas crenças, os nossos hábitos e os nossos padrões de pensamento automáticos. Ao repetirmos afirmações positivas de forma consistente, estamos a reescrever a programação do subconsciente, substituindo crenças limitantes por crenças potenciadoras, padrões negativos por padrões positivos, e expectativas de escassez por expectativas de abundância.

A repetição das afirmações cria novas vias neurais no cérebro, fortalecendo as conexões sinápticas associadas às crenças potenciadoras e enfraquecendo as conexões associadas às crenças limitantes. Com o tempo e a prática, as afirmações tornam-se crenças internalizadas, convicções profundas que se manifestam na sua realidade externa.

As afirmações também direcionam o seu foco e a sua atenção. Aquilo em que você foca a sua atenção expande-se na sua realidade. Ao repetir afirmações positivas sobre as áreas da sua vida que deseja melhorar, você está a direcionar o seu foco para as soluções, para as possibilidades, para o potencial positivo, em vez de se concentrar nos problemas, nas limitações e nos obstáculos. Este foco positivo atrai para a sua vida experiências, oportunidades e recursos que se alinham com as suas afirmações.

Além disso, as afirmações elevam a sua vibração energética. As palavras carregam energia e vibração. As afirmações positivas, formuladas com emoção e convicção, emitem uma vibração energética elevada, que ressoa com a frequência da abundância, da alegria, da saúde e do sucesso. Esta vibração elevada atrai para a sua vida experiências e pessoas que vibram na mesma frequência, criando um ciclo virtuoso de manifestação positiva.

Princípios chave para afirmações eficazes:

Para que as afirmações sejam realmente eficazes na cocriação consciente, é importante seguir alguns princípios e diretrizes:

Formule as afirmações no presente: Utilize sempre o tempo presente ao formular as suas afirmações, como se a realidade desejada já fosse uma realidade atual. Evite o futuro ou o condicional, como "Eu vou ter...", "Eu gostaria de ser...", "Eu poderia ter...". O presente momento é o único momento de poder, e o subconsciente responde melhor a afirmações no presente.

Em vez de dizer "Eu vou ser rico", diga "Eu sou rico e abundante em todas as áreas da minha vida". Em vez de dizer "Eu gostaria de ter saúde", diga "Eu tenho saúde perfeita e vitalidade radiante". Declare a sua nova realidade como se ela já fosse uma realidade presente e palpável.

Utilize linguagem positiva e afirmativa: Formule as suas afirmações utilizando linguagem positiva e afirmativa, focando no que você deseja atrair e manifestar, e não no que você deseja evitar ou eliminar. Evite palavras negativas, como "não", "nunca", "sem", "contra", que podem enviar sinais confusos para o subconsciente e até mesmo atrair aquilo que você não deseja.

Em vez de dizer "Eu não quero mais dívidas", diga "Eu sou livre de dívidas e abundante em recursos financeiros". Em vez de dizer "Eu não quero ficar doente", diga "Eu sou saudável e cheio de vitalidade". Foque-se no positivo, no desejável, no que você quer atrair para a sua vida.

Seja específico e detalhado (mas flexível): Em algumas áreas da vida, pode ser útil formular afirmações específicas e detalhadas, incluindo detalhes sensoriais, emocionais e contextuais, para tornar a sua projeção mais vívida e direcionada. Por exemplo, se você deseja atrair um relacionamento amoroso, pode afirmar: "Eu estou num relacionamento amoroso, apaixonado e harmonioso com um/a parceiro/a compatível, que me ama, me valoriza e me apoia em todos os aspetos da vida".

No entanto, em outras áreas, pode ser mais benéfico manter as afirmações mais genéricas e flexíveis, permitindo que o universo manifeste a sua intenção da forma mais apropriada e surpreendente. Por exemplo, se você deseja atrair mais abundância financeira, pode afirmar: "Eu sou um ímã para a abundância e prosperidade financeira, e o universo está sempre a prover as minhas necessidades e desejos de formas surpreendentes e criativas". Confie na sabedoria do universo e deixe espaço para a manifestação divina.

Use afirmações curtas e memoráveis: Formule as suas afirmações de forma curta, concisa e memorável, para que seja fácil repeti-las e internalizá-las. Frases longas e complexas podem ser difíceis de memorizar e de manter o foco. Escolha palavras poderosas e impactantes, que ressoem com a sua intenção e que sejam fáceis de repetir mentalmente ou em voz alta.

Repita as afirmações regularmente e consistentemente: A repetição é a chave para a programação do subconsciente. Repita as suas afirmações diariamente, idealmente várias vezes ao dia, durante pelo menos 5-10 minutos por sessão. A consistência é mais importante do que a duração das sessões. É melhor repetir as suas afirmações por alguns minutos todos os dias do que por longos períodos esporadicamente.

Defina momentos específicos para a sua prática de afirmações: de manhã ao acordar, à noite antes de dormir, durante o seu trajeto para o trabalho, durante o exercício físico, ou sempre que sentir necessidade de reforçar a sua projeção mental. Crie um ritual pessoal para a sua prática de afirmações, combinando-as com a visualização, a respiração consciente ou a música inspiradora, para tornar a experiência mais agradável e poderosa.

Sinta a emoção das afirmações: Não repita as suas afirmações apenas como palavras vazias, de forma mecânica e automática. Sinta a emoção das suas afirmações, conecte-se com o sentimento de já possuir, já ser ou já estar a experienciar a realidade que você está a declarar. Sinta a alegria, a gratidão, o entusiasmo, a confiança, o amor, a paz, associadas à sua afirmação.

A emoção é o catalisador da manifestação. Afirmações carregadas de emoção positiva têm um poder de programação subconsciente e de projeção muito maior do que afirmações repetidas sem sentimento. Envolva o seu coração nas suas afirmações e deixe que as emoções amplifiquem o seu poder de cocriação.

Exemplos de afirmações poderosas para diversas áreas da vida:

Saúde e Bem-estar:

"Eu tenho saúde perfeita e vitalidade radiante."

"O meu corpo é forte, saudável e cheio de energia."

"Eu amo e cuido do meu corpo com gratidão e respeito."

"Eu mereço saúde plena e bem-estar em todos os níveis."

Prosperidade e Abundância:

"Eu sou um ímã para a abundância e prosperidade financeira."

"A abundância flui facilmente e abundantemente para a minha vida."

"Eu sou próspero/a e abundante em todas as áreas da minha vida."

"Eu mereço viver uma vida rica, próspera e plena de abundância."

Relacionamentos Amorosos:

"Eu atraio relacionamentos amorosos, harmoniosos e significativos para a minha vida."

"Eu sou amado/a e aceite incondicionalmente."

"Eu dou e recebo amor em abundância, de forma fácil e natural."

"Eu mereço um relacionamento amoroso, feliz e duradouro."

Propósito e Realização:

"Eu vivo o meu propósito de vida com paixão, alegria e realização."

"Eu sou talentoso/a, criativo/a e capaz de alcançar os meus sonhos."

"Eu sigo a minha intuição e confio no meu caminho de vida."

"Eu mereço viver uma vida plena de significado, propósito e realização."

Paz Interior e Felicidade:

"Eu sinto paz interior profunda e serenidade em todos os momentos."

"Eu sou grato/a pela minha vida e pelas bênçãos que me rodeiam."

"Eu escolho ser feliz e viver com alegria e entusiasmo todos os dias."

"Eu mereço viver uma vida plena de paz, felicidade e contentamento."

Para começar a utilizar o poder das afirmações na sua cocriação consciente, realize o seguinte exercício prático:

Exercício: Criando e Praticando Afirmações Poderosas

Escolha uma área da sua vida onde deseja manifestar uma mudança positiva (saúde, prosperidade, relacionamentos, propósito, etc.).

Identifique uma crença limitante que você possa ter nessa área da vida, que esteja a sabotar a sua manifestação. (Revise o Capítulo 10, se necessário).

Crie uma ou mais afirmações positivas que contrariem essa crença limitante e que declarem a realidade que você deseja cocriar nessa área da vida, seguindo os princípios que exploramos neste capítulo.

Escreva as suas afirmações de forma clara e concisa num papel ou num diário.

Escolha um horário específico do seu dia para praticar as suas afirmações, durante pelo menos 5-10 minutos.

Relaxe o seu corpo e a sua mente, respire fundo algumas vezes e centre-se no momento presente.

Repita as suas afirmações em voz alta ou mentalmente, com convicção, fé e emoção positiva. Sinta a energia das palavras a vibrar em cada célula do seu corpo.

Visualize-se a viver a realidade declarada nas suas afirmações, com todos os seus sentidos e emoções. Combine a repetição das afirmações com a visualização para fortalecer a sua projeção mental.

Pratique as suas afirmações diariamente, com persistência e dedicação. A consistência é a chave para a programação subconsciente e para a manifestação da sua nova realidade.

Ajuste e refine as suas afirmações conforme necessário, à medida que a sua consciência se expande e os seus desejos se tornam mais claros. As afirmações são ferramentas dinâmicas que podem ser adaptadas e personalizadas para as suas necessidades e intenções específicas.

O poder das afirmações é uma ferramenta extraordinária para a cocriação consciente. Ao declarar a sua nova realidade com palavras positivas, formuladas no presente e carregadas de emoção, você reprograma o seu subconsciente, direciona a sua energia e acelera o processo de manifestação dos seus sonhos. Comece a utilizar o poder das afirmações diariamente, em todas as áreas da sua vida, e prepare-se para testemunhar a transformação da sua realidade, à medida que você declara e vive a vida dos seus sonhos!

Capítulo 14
Atraindo Abundância e Alegria

A gratidão é a chave que desbloqueia o fluxo natural da abundância e da alegria. Quando cultivamos o hábito de reconhecer e valorizar as bênçãos presentes na nossa vida, ajustamos a nossa vibração para atrair ainda mais motivos para agradecer. Em vez de focar no que falta, passamos a perceber a riqueza ao nosso redor, ampliando a sensação de contentamento e plenitude. Esse estado de apreciação sincera não apenas transforma a nossa perspetiva, mas também fortalece a conexão com o universo, criando um ciclo contínuo de prosperidade e bem-estar.

A gratidão é uma emoção poderosa de apreço, reconhecimento e contentamento pelas bênçãos da vida. É a capacidade de valorizar e apreciar o que já temos, em vez de focar no que falta ou no que desejamos alcançar. A gratidão não é apenas um sentimento passageiro, mas sim uma atitude mental, um estado de ser que pode ser cultivado e praticado conscientemente, transformando a nossa perspetiva sobre a vida e a nossa capacidade de cocriar a realidade desejada.

Se os pensamentos e crenças são a linguagem da projeção, a visualização a gramática e as afirmações a voz, então a gratidão é a emoção que energiza e impulsiona essa linguagem para a manifestação. A gratidão é como o combustível de alta octanagem que alimenta o motor da cocriação consciente, acelerando o processo de manifestação e tornando-o mais suave, fluido e alegre. É a emoção que transforma a intenção em realidade, o desejo em experiência, a projeção em manifestação.

Como funciona o poder da gratidão?

A gratidão funciona em múltiplos níveis, influenciando a sua realidade interna e externa de forma profunda e transformadora:

Eleva a sua vibração energética: A gratidão é uma emoção de alta frequência vibracional, que ressoa com a energia da abundância, da alegria, do amor e da positividade. Ao cultivar a gratidão, você eleva a sua vibração energética pessoal, sintonizando-se com a frequência da realidade que deseja cocriar. A lei da atração afirma que semelhante atrai semelhante, e ao vibrar na frequência da gratidão, você atrai para a sua vida experiências, pessoas e oportunidades que ressoam com essa mesma frequência elevada.

Muda o seu foco para o positivo: A prática da gratidão direciona o seu foco da falta para a abundância, da negatividade para a positividade, do problema para a solução. Em vez de se concentrar no que não tem, no que não funciona, ou no que o faz sentir infeliz, a gratidão convida-o a reconhecer e apreciar as bênçãos que já estão presentes na sua vida, por mais pequenas ou insignificantes que possam parecer. Este foco positivo expande a sua perceção, abre os seus olhos para as oportunidades e recursos disponíveis, e atrai mais motivos para ser grato na sua realidade.

Abre o fluxo da abundância: A gratidão é como uma chave que abre a porta para o fluxo da abundância em todas as áreas da sua vida. Ao apreciar o que já tem, você envia uma mensagem para o universo de que está aberto e recetivo à abundância, de que valoriza as bênçãos que recebe e de que está pronto para receber ainda mais. O universo responde a este sinal de gratidão, enviando mais bênçãos, mais oportunidades e mais abundância para a sua vida, num ciclo virtuoso de dádiva e receção.

Amplifica a alegria e o contentamento: A gratidão aumenta a sua sensação de alegria e contentamento com a vida. Ao apreciar o presente momento e as bênçãos que o rodeiam, você liberta-se da busca incessante por algo "mais" ou "melhor" no futuro, e começa a saborear e desfrutar da beleza e da abundância que já existem na sua realidade atual. A gratidão transforma a sua perspetiva, tornando o ordinário em extraordinário, o simples em valioso, o quotidiano em mágico.

Fortalece os relacionamentos: A gratidão fortalece os seus relacionamentos com os outros. Expressar gratidão às pessoas que fazem parte da sua vida nutre os laços de afeto, fortalece a conexão emocional e cria um ambiente de harmonia e apreciação mútua. A gratidão nos relacionamentos gera reciprocidade, gentileza e generosidade, criando círculos virtuosos de amor e apoio.

Como praticar a gratidão conscientemente:

Cultivar a gratidão como uma prática diária e consciente é um processo simples, mas profundamente transformador. Aqui estão algumas técnicas e sugestões práticas para integrar a gratidão na sua vida quotidiana:

Diário da Gratidão: Reserve alguns minutos todos os dias, de preferência de manhã ao acordar ou à noite antes de dormir, para escrever num diário da gratidão. Anote 3 a 5 coisas pelas quais você se sente grato nesse dia, ou na sua vida em geral. Podem ser coisas grandes ou pequenas, materiais ou imateriais, quotidianas ou especiais. O importante é reconhecer e apreciar as bênçãos que o rodeiam.

Exemplos de coisas pelas quais você pode ser grato: a sua saúde, a sua família, os seus amigos, o seu lar, o seu trabalho, a natureza, a comida, a água, o sol, a sua capacidade de amar, de aprender, de criar, etc. Varie a sua lista de gratidão todos os dias, procurando sempre novos motivos para agradecer.

Lista da Gratidão: Se preferir, em vez de escrever um diário, pode criar uma lista mental da gratidão antes de dormir ou ao acordar. Pense em várias coisas pelas quais você se sente grato e saboreie a emoção da gratidão em cada item da lista. A simples ação de pensar conscientemente em coisas pelas quais é grato já eleva a sua vibração e abre o fluxo da abundância.

Caminhada da Gratidão: Transforme as suas caminhadas diárias numa prática de gratidão. Enquanto caminha, observe o mundo à sua volta e encontre motivos para agradecer em cada detalhe: a beleza da natureza, o ar que respira, o sol que aquece a pele, os sons da cidade, as pessoas que passam, etc. Sinta a gratidão a preencher o seu coração enquanto caminha e aprecia as bênçãos que o rodeiam.

Afirmações de Gratidão: Incorpore afirmações de gratidão na sua prática diária de afirmações. Crie afirmações que expressem a sua gratidão pelas bênçãos que já possui, e pelas bênçãos que estão a caminho da sua vida. Exemplos de afirmações de gratidão: "Eu sou grato/a por todas as bênçãos da minha vida", "Eu agradeço pela abundância que flui constantemente para mim", "Eu reconheço e aprecio a beleza e a magia da minha vida", "Eu sou grato/a por ter tudo o que preciso e desejo". Repita estas afirmações com emoção e convicção para fortalecer a sua prática de gratidão.

Cartas de Gratidão: Escreva cartas de gratidão para pessoas importantes na sua vida, expressando o seu apreço e reconhecimento pelo impacto positivo que elas têm em si. Envie estas cartas (ou entregue pessoalmente, se possível) para fortalecer os seus relacionamentos e irradiar gratidão para o mundo. A escrita de cartas de gratidão é uma prática poderosa para nutrir os laços afetivos e expressar o seu amor e reconhecimento às pessoas que o rodeiam.

Visualização da Gratidão: Combine a sua prática de visualização com a emoção da gratidão. Enquanto visualiza a realidade desejada, sinta uma profunda gratidão por já a estar a experienciar, como se ela já fosse uma realidade presente. A gratidão amplifica o poder da visualização e acelera o processo de manifestação.

Ato de Gratidão Diário: Escolha um ato de gratidão consciente para praticar todos os dias. Pode ser algo simples como agradecer verbalmente a alguém, fazer um elogio sincero, oferecer ajuda a alguém, fazer uma doação, enviar uma mensagem de apreço, etc. Pequenos atos de gratidão irradiam energia positiva para o mundo e fortalecem a sua atitude mental de gratidão.

Dicas para cultivar a gratidão:

Comece pequeno e seja consistente: Não precisa de transformar a sua vida da noite para o dia. Comece com pequenas práticas de gratidão e seja consistente na sua prática diária. A consistência é mais importante do que a intensidade inicial.

Procure a gratidão em todas as situações: Desafie-se a encontrar motivos para agradecer mesmo nas situações desafiantes ou negativas. Mesmo em momentos difíceis, existem sempre bênçãos disfarçadas ou lições a aprender. A gratidão transforma a sua perspetiva e ajuda-o a encontrar o positivo em todas as situações.

Seja específico na sua gratidão: Em vez de agradecer de forma genérica, seja específico sobre o que você está a agradecer e porquê. Em vez de dizer "Eu sou grato/a pela minha saúde", diga "Eu sou grato/a pela minha energia vibrante e pela capacidade do meu corpo de se curar e funcionar de forma perfeita". A especificidade torna a gratidão mais sentida e poderosa.

Sinta a emoção da gratidão: Não pratique a gratidão apenas de forma mental ou superficial. Sinta a emoção da gratidão no seu coração, deixe-a preencher o seu ser, saboreie a sensação de apreço e contentamento. A emoção é o que dá vida e poder à sua prática de gratidão.

Partilhe a sua gratidão: Expressar a sua gratidão aos outros amplifica a sua experiência de gratidão e fortalece os seus relacionamentos. Partilhe a sua gratidão com as pessoas que ama, com os seus amigos, com a sua família, com os seus colegas, com o universo. Irradie gratidão para o mundo e veja-a retornar multiplicada para a sua vida.

O poder da gratidão é imenso e transformador. Ao cultivar a gratidão como uma prática diária e consciente, você eleva a sua vibração energética, abre o fluxo da abundância, amplifica a sua alegria e contentamento, fortalece os seus relacionamentos e acelera o processo de cocriação consciente. Comece hoje mesmo a praticar a gratidão, em todas as áreas da sua vida, e prepare-se para atrair uma realidade abundante, alegre e plena de bênçãos. Abra o seu coração à gratidão e veja a magia a manifestar-se na sua vida!

Capítulo 15
Amplificando a Sua Projeção

As emoções positivas são a força propulsora que potencializa a manifestação da realidade desejada. Mais do que meros sentimentos passageiros, elas funcionam como frequências vibracionais elevadas que ampliam a projeção mental, atraindo experiências alinhadas com essa energia. Quando cultivamos estados emocionais como alegria, gratidão e entusiasmo, fortalecemos a nossa fé na cocriação e despertamos um campo magnético que ressoa com a abundância e a realização. Essa sintonia emocional transforma não apenas a nossa perceção do presente, mas também acelera a concretização dos nossos desejos, tornando o processo de manifestação mais fluido e natural.

As emoções positivas, como alegria, amor, entusiasmo, gratidão, esperança, confiança, compaixão, e paz, não são apenas estados de espírito agradáveis ou "sentimentos bons". Elas são forças energéticas vibrantes, poderosos catalisadores da cocriação consciente, que atuam como amplificadores da sua intenção, impulsionando a sua projeção mental com uma energia incomparável. As emoções positivas são a "combustão turbinada" do motor da manifestação, o ingrediente secreto que transforma o potencial em realidade, o desejo em experiência tangível.

Se os pensamentos e crenças são a linguagem, a visualização a gramática, as afirmações a voz, e a gratidão o combustível, então as emoções positivas são a eletricidade que acende a lâmpada da projeção consciente, iluminando o caminho da manifestação e irradiando a sua intenção para o universo com uma força irresistível. As emoções positivas são a própria essência da força vital, a energia criativa em movimento, a dança vibrante da consciência a manifestar-se na realidade.

Como as emoções positivas amplificam a sua projeção?

As emoções positivas atuam como amplificadores da sua projeção mental através de diversos mecanismos interligados:

Aumentam a sua frequência vibracional: Como já mencionamos no capítulo anterior, as emoções positivas vibram numa frequência energética mais elevada do que as emoções negativas, como o medo, a raiva, a tristeza ou a culpa. Ao cultivar emoções positivas, você eleva a sua frequência vibracional global, sintonizando-se com a frequência da abundância, da alegria, da saúde e do sucesso. Esta vibração elevada atrai para a sua vida experiências que ressoam com essa mesma frequência, como um ímã atrai limalhas de ferro.

Fortalecem a sua crença e a sua fé: As emoções positivas fortalecem a sua crença na possibilidade da manifestação e a sua fé no processo de cocriação consciente. Quando você se sente alegre, entusiasmado e confiante, a sua mente subconsciente torna-se mais recetiva às suas intenções e desejos, dissipando dúvidas e resistências internas. As emoções positivas atuam como um poderoso "placebo" mental, convencendo o seu subconsciente de que a realidade desejada é real, é possível e está a caminho de se concretizar.

Direcionam o seu foco para o potencial e as oportunidades: As emoções positivas expandem a sua perceção e abrem os seus olhos para o potencial e as oportunidades que o rodeiam. Quando você se sente otimista e esperançoso, você torna-se mais recetivo a novas ideias, a soluções criativas, a sincronicidades e a "coincidências" significativas que podem impulsionar a manifestação dos seus desejos. As emoções positivas atuam como um "radar" mental, guiando-o para os caminhos, as pessoas e as situações que se alinham com a sua intenção.

Aumentam a sua energia e a sua motivação: As emoções positivas energizam o seu corpo e a sua mente, aumentando a sua motivação para agir em direção aos seus objetivos e para superar os desafios que possam surgir no caminho da manifestação. Quando você se sente inspirado e entusiasmado, você torna-se mais proativo, mais resiliente e mais persistente na perseguição dos seus sonhos. As emoções positivas atuam como um "boost" de energia, impulsionando-o a agir com confiança e determinação.

Criam um campo de atração magnético: As emoções positivas irradiam para o mundo, criando um campo de atração magnético que atrai para a sua vida pessoas, situações e recursos que se alinham com a sua vibração e com as suas intenções. As emoções positivas atuam como um "farol" energético, emitindo um sinal claro para o universo de que você está aberto e recetivo à abundância, à alegria e ao amor. O universo responde a este sinal, enviando-lhe aquilo que você está a irradiar, num ciclo de feedback positivo e contínuo.

Como cultivar e amplificar as emoções positivas:

Cultivar e amplificar as emoções positivas na sua vida quotidiana é um processo contínuo e intencional, que envolve diversas práticas e abordagens:

Práticas de Gratidão Consciente: Como exploramos no capítulo anterior, a prática diária da gratidão é uma das formas mais eficazes de cultivar e amplificar as emoções positivas. Reserve momentos do seu dia para reconhecer e apreciar as bênçãos da sua vida, grandes e pequenas, e sinta a emoção da gratidão a preencher o seu coração.

Meditação e Mindfulness: A meditação e o mindfulness são ferramentas poderosas para acalmar a mente, reduzir o stress e a ansiedade, e abrir espaço para as emoções positivas florescerem. Pratique a meditação regularmente, focando-se na respiração, nas sensações corporais ou em visualizações guiadas que evoquem emoções positivas, como amor, compaixão e alegria.

Atividades Prazerosas e Inspiradoras: Dedique tempo regularmente a atividades que lhe tragam prazer, alegria e inspiração. Podem ser hobbies criativos, atividades na natureza, momentos de convívio com pessoas queridas, práticas artísticas, desporto, leitura inspiradora, ouvir música que o eleve, etc. Invista tempo e energia em atividades que nutram a sua alma e que evoquem emoções positivas no seu ser.

Afirmações e Visualizações Positivas: Utilize afirmações e visualizações positivas para programar a sua mente subconsciente com emoções potenciadoras. Combine as suas afirmações e visualizações com a emoção genuína da alegria, do amor, da gratidão e do entusiasmo. Sinta as emoções positivas a preencherem o seu ser enquanto repete as afirmações e visualiza a realidade desejada.

Rodeie-se de Positividade: Cultive relacionamentos positivos com pessoas que o apoiam, o inspiram e o elevam. Procure a companhia de pessoas que irradiam alegria, otimismo e entusiasmo pela vida. Reduza ou elimine o contacto com pessoas negativas, tóxicas ou pessimistas, que drenam a sua energia e minam as suas emoções positivas. Crie um ambiente positivo à sua volta, rodeando-se de beleza, harmonia, cores alegres, música inspiradora, e estímulos sensoriais que evoquem emoções positivas.

Pratique a Autocompaixão e o Autoamor: Trate-se com gentileza, compaixão e amor incondicional. Perdoe-se pelos seus erros, aceite as suas imperfeições, celebre as suas qualidades e conquistas. Cultive um diálogo interno positivo e encorajador, e nutra a sua autoestima e a sua autoconfiança. O amor-próprio é a base para todas as outras emoções positivas florescerem na sua vida.

Ato de Bondade Diário: Pratique atos de bondade e generosidade para com os outros diariamente. Ajudar os outros, fazer sorrir alguém, oferecer um gesto de carinho, praticar a compaixão e a empatia, são formas poderosas de gerar emoções positivas em si e nos outros, criando um ciclo virtuoso de bondade e alegria.

Integrando as emoções positivas na sua cocriação:

Para integrar o poder das emoções positivas na sua prática de cocriação consciente, experimente as seguintes estratégias práticas:

Comece cada dia com gratidão e alegria: Ao acordar, antes de começar o seu dia, reserve alguns minutos para sentir gratidão pelas bênçãos da sua vida e para evocar emoções de alegria e entusiasmo para o dia que se inicia. Esta prática matinal define o tom emocional para todo o dia e prepara a sua mente e o seu coração para atrair experiências positivas.

Visualize e afirme com emoção: Ao praticar a visualização e as afirmações, envolva conscientemente as suas emoções positivas. Sinta a alegria, a gratidão, o entusiasmo, o amor, a confiança, enquanto visualiza a realidade desejada e repete as suas afirmações. Deixe que as emoções amplifiquem o poder da sua projeção mental e a sua intenção de manifestação.

Use a emoção como um guia: Preste atenção às suas emoções ao longo do dia como um guia indicador do seu alinhamento com a sua cocriação consciente. Emoções positivas indicam que você está a vibrar na frequência da realidade desejada e a atrair experiências positivas. Emoções negativas sinalizam um desalinhamento e um convite para reorientar os seus pensamentos, crenças e intenções, e para cultivar emoções mais positivas.

Celebre as pequenas vitórias e os progressos: Ao longo do processo de cocriação, celebre as pequenas vitórias, os progressos incrementais e as sincronicidades que surgem na sua vida como sinais de que a sua projeção está a funcionar e de que a realidade desejada está a caminho da manifestação. A celebração fortalece a sua fé, aumenta a sua motivação e amplifica as suas emoções positivas, acelerando ainda mais o processo de cocriação.

O poder das emoções positivas é uma força transformadora na cocriação consciente. Ao cultivar e amplificar as emoções positivas na sua vida quotidiana, você eleva a sua vibração energética, fortalece a sua crença, direciona o seu foco, aumenta a sua energia e cria um campo de atração magnético para a realidade desejada. Comece hoje mesmo a integrar o poder das emoções positivas na sua prática de cocriação, e prepare-se para testemunhar uma amplificação extraordinária da sua capacidade de manifestar a vida dos seus sonhos, com alegria, fluidez e abundância!

Capítulo 16
Superando a Resistência

O caminho da cocriação consciente exige mais do que conhecimento e intenção; ele demanda a superação das barreiras internas que surgem inevitavelmente ao longo da jornada. Enfrentar a resistência não significa fracasso, mas sim um convite ao crescimento e à transformação. É nesse ponto que se revela a verdadeira força do cocriador: ao reconhecer e compreender os desafios internos, torna-se possível dissolver as limitações impostas por crenças arraigadas, medos e padrões condicionados. Assim, cada obstáculo se transforma em um degrau para a evolução, fortalecendo a conexão com o próprio poder criativo e conduzindo a uma manifestação mais alinhada e consciente da realidade desejada.

A resistência na cocriação consciente manifesta-se de diversas formas, como dúvidas, medos, crenças limitantes persistentes, sabotagem inconsciente, falta de paciência, desânimo ou a sensação de que "não está a funcionar". Esta resistência não é um sinal de falha ou de que a cocriação consciente não é real, mas sim um processo natural de crescimento e transformação. A resistência é como a fricção que sentimos ao mover um objeto pesado: ela exige mais esforço, mas também fortalece os nossos músculos e aumenta a nossa capacidade de superação.

A resistência surge porque a cocriação consciente implica uma mudança profunda de paradigma, uma transformação da nossa forma de pensar, de sentir e de agir no mundo. Estamos a desaprender padrões de pensamento e comportamento condicionados pelo medo, pela limitação e pela passividade, e a reaprender a viver a partir de um lugar de poder, de intenção e de consciência. Esta transição nem sempre é fácil ou imediata, e é natural encontrarmos resistência ao longo do caminho.

É fundamental compreender a natureza da resistência para podermos superá-la de forma eficaz. A resistência pode ter diversas origens:

Crenças limitantes profundamente enraizadas: Mesmo após o trabalho de libertação de crenças limitantes que exploramos no Capítulo 10, algumas crenças negativas podem permanecer enraizadas no subconsciente, exercendo uma influência subtil mas persistente na nossa projeção mental. Estas crenças podem gerar dúvidas, medos e sabotagem inconsciente, minando os nossos esforços de cocriação consciente.

Programação passada e Consciência Coletiva: Fomos condicionados desde a infância a acreditar numa realidade limitada, baseada na escassez, na luta e na impotência. A influência da Consciência Coletiva, com as suas crenças dominantes e limitantes, também pode gerar resistência à mudança para uma realidade de abundância, facilidade e poder pessoal.

Medo da mudança e do desconhecido: A cocriação consciente convida-nos a sair da nossa zona de conforto, a abandonar o familiar e o conhecido, e a aventurar-nos num território novo e desconhecido, onde somos os autores da nossa própria realidade. Este processo pode gerar medo, ansiedade e insegurança, especialmente no início, quando os resultados da cocriação consciente ainda não são totalmente visíveis.

Falta de paciência e expectativas irrealistas: A manifestação da realidade desejada através da cocriação consciente nem sempre acontece de forma instantânea ou imediata. Requer tempo, persistência, prática e, acima de tudo, paciência. A falta de paciência e as expectativas irrealistas de resultados rápidos podem levar ao desânimo, à frustração e à desistência prematura da prática da cocriação consciente.

Testes do Universo e desafios de crescimento: Por vezes, os desafios e os obstáculos que encontramos no caminho da cocriação consciente podem ser testes do universo para avaliar a nossa determinação, a nossa fé e o nosso alinhamento com a nossa intenção. Estes desafios podem também ser oportunidades de crescimento pessoal, de desenvolvimento de resiliência, de superação de limitações e de expansão da nossa consciência.

Estratégias para superar a resistência e navegar pelos desafios:

Superar a resistência e navegar pelos desafios da cocriação consciente requer consciência, estratégia, perseverança e, acima de tudo, autocompaixão. Aqui estão algumas estratégias práticas e eficazes:

Reconheça e aceite a resistência como natural: O primeiro passo é reconhecer e aceitar a resistência como uma parte normal e natural do processo de cocriação consciente. Não se critique nem se julgue por sentir resistência. Em vez disso, veja a resistência como um sinal de que você está a desafiar os seus limites, a expandir a sua consciência e a crescer para além da sua zona de conforto. A resistência é um indicador de que você está no caminho certo, a transformar a sua realidade.

Identifique a origem da resistência: Procure identificar as causas subjacentes da sua resistência. Pergunte-se: "Qual é o medo ou a dúvida que está por detrás desta resistência? Que crença limitante está a ser ativada? Que padrão de pensamento negativo está a sabotar a minha projeção?". Ao compreender a origem da resistência, você pode abordá-la de forma mais consciente e eficaz.

Reafirme o seu compromisso com a cocriação consciente: Quando a resistência surgir, reforce o seu compromisso com a cocriação consciente, relembrando-se dos seus desejos autênticos, dos seus valores mais profundos e do seu propósito de vida. Releia as suas intenções escritas, reveja as suas visualizações, repita as suas afirmações, e reconecte-se com a sua motivação inicial para embarcar nesta jornada transformadora. Reafirme o seu poder de Projetor Interior e a sua determinação de cocriar a realidade dos seus sonhos.

Transforme as crenças limitantes persistentes: Se identificar crenças limitantes persistentes por detrás da sua resistência, reforce o trabalho de libertação de crenças limitantes que exploramos no Capítulo 10. Utilize as técnicas de questionamento lógico, reinterpretação da experiência, busca por exceções e substituição por crenças potenciadoras para desmantelar e transformar estas crenças negativas. A persistência na transformação de crenças limitantes é fundamental para superar a resistência e abrir caminho para a manifestação.

Cultive a paciência e a persistência: Lembre-se de que a cocriação consciente é um processo gradual, não um evento instantâneo. Cultive a paciência consigo mesmo e com o ritmo do universo. Confie que a realidade desejada está a manifestar-se no tempo perfeito e da forma mais apropriada. Persista na sua prática de visualização, afirmações, gratidão e emoções positivas, mesmo quando os resultados não são imediatamente visíveis. A persistência é a chave para romper a resistência e colher os frutos da cocriação consciente.

Celebre os pequenos progressos e as sincronicidades: Em vez de focar naquilo que ainda não se manifestou, celebre os pequenos progressos, as sincronicidades e as pequenas vitórias que surgem ao longo do caminho. Reconheça e aprecie cada sinal de que a sua projeção está a funcionar, cada "coincidência" significativa, cada oportunidade inesperada, cada pequena melhoria na sua realidade. A celebração fortalece a sua fé, aumenta a sua motivação e amplifica as emoções positivas, criando um ciclo virtuoso de manifestação.

Procure apoio e inspiração: Quando se sentir desanimado ou sobrecarregado pela resistência, procure apoio e inspiração em fontes externas. Converse com amigos ou mentores que compreendem a jornada da cocriação consciente, participe em grupos de apoio online ou presenciais, leia livros inspiradores, ouça podcasts motivacionais, assista a vídeos edificantes. O apoio e a inspiração externa podem dar-lhe o impulso extra de energia e motivação para superar a resistência e continuar a avançar.

Reformule os desafios como oportunidades de crescimento: Em vez de ver os desafios e os obstáculos como sinais de fracasso ou de que a cocriação consciente "não funciona", reframe-os como oportunidades de crescimento pessoal e de fortalecimento da sua capacidade de cocriação. Pergunte-se: "O que posso aprender com este desafio? Como posso utilizar esta situação para expandir a minha consciência e fortalecer a minha fé? Que novas qualidades e capacidades posso desenvolver ao superar este obstáculo?". A reformulação dos desafios transforma a resistência em trampolim para o seu crescimento e para a manifestação da sua realidade desejada.

Pratique a autocompaixão e a gentileza consigo mesmo: Seja gentil e compassivo consigo mesmo ao navegar pela resistência e pelos desafios da cocriação consciente. Não se pressione excessivamente, não se critique pelos seus erros ou pelas suas dúvidas, não se compare com os outros. Trate-se com a mesma compreensão, paciência e amor que você ofereceria a um amigo querido que estivesse a passar por um momento difícil. A autocompaixão e a gentileza fortalecem a sua resiliência e a sua capacidade de superar a resistência com leveza e equilíbrio.

A resistência é uma parte inevitável da jornada da cocriação consciente, mas não precisa de ser um obstáculo intransponível. Ao compreender a natureza da resistência, ao utilizar estratégias eficazes para superá-la, e ao cultivar a paciência, a persistência e a autocompaixão, você pode navegar pelos desafios com confiança e determinação, transformando a resistência em trampolim para o seu crescimento pessoal e para a manifestação da realidade dos seus sonhos. Lembre-se de que a resistência é um sinal de que você está a avançar, a expandir a sua consciência e a cocriar uma vida cada vez mais alinhada com o seu potencial ilimitado. Abrace a resistência como parte da jornada, e continue a dançar com a projeção consciente, superando todos os desafios com graça e poder!

Capítulo 17
Fluindo com o Universo e Liberando o Controle

A jornada da cocriação consciente atinge um novo patamar quando reconhecemos que o verdadeiro poder não está apenas em direcionar a realidade com intenção e foco, mas também em permitir que o universo atue com sua inteligência infinita. O equilíbrio entre ação e entrega revela-se essencial, pois quando confiamos no fluxo da vida e libertamos a necessidade de controle, abrimos espaço para que as manifestações ocorram da maneira mais elevada e harmoniosa. Esse processo não significa passividade, mas sim uma colaboração ativa e consciente com forças maiores, onde a sintonia entre desejo e confiança possibilita uma criação mais fluida, natural e expansiva.

A cocriação consciente não é apenas sobre impor a nossa vontade ao universo, moldando a realidade à nossa imagem e semelhança. É também sobre colaborar com a inteligência infinita do universo, confiar no fluxo da vida e permitir que a sabedoria divina nos guie para além dos nossos planos limitados. É sobre encontrar o equilíbrio perfeito entre a intenção focada e a entrega confiante, entre o esforço consciente e o deixar ir gracioso.

A necessidade de controle é uma ilusão da mente egoica, uma tentativa de agarrar e manipular a realidade para nos sentirmos seguros e protegidos. O controle excessivo, paradoxalmente, gera resistência, tensão e ansiedade, bloqueando o fluxo natural da abundância e da alegria. Quando tentamos controlar cada detalhe do processo de manifestação, fechamos-nos à espontaneidade, à criatividade e às surpresas maravilhosas que o universo tem para nos oferecer.

A verdadeira cocriação consciente floresce quando aprendemos a dançar com a entrega, quando confiamos que o universo está a conspirar a nosso favor, mesmo quando o caminho à frente não é claro ou quando os resultados não correspondem exatamente às nossas expectativas iniciais. A entrega não é passividade ou resignação, mas sim um estado de recetividade ativa, de confiança profunda e de abertura ao fluxo da vida. É a sabedoria de plantar as sementes da intenção com foco e clareza, e depois deixar que o universo as nutra e as faça florescer no tempo perfeito e da forma mais apropriada.

Os Paradoxos da Intenção e da Entrega:

Pode parecer paradoxal falar de intenção focada e entrega confiante na mesma frase. Não serão conceitos opostos? Como é possível ser simultaneamente intencional e entregue? É precisamente neste paradoxo que reside a chave da maestria da cocriação consciente.

A intenção é a bússola que direciona a nossa energia criativa, o farol que ilumina o caminho da manifestação, a semente que plantamos com clareza e propósito. A entrega é a água que nutre a semente, o sol que a aquece, a terra que a sustenta, o vento que espalha as suas pétalas, permitindo que ela cresça e floresça de forma natural e orgânica, para além do nosso controle limitado.

A intenção sem entrega pode tornar-se rigidez, obsessão e controle excessivo, gerando tensão, ansiedade e resistência. A entrega sem intenção pode tornar-se passividade, inércia e falta de direção, resultando em frustração, desânimo e falta de realização. A dança da cocriação consciente é encontrar o equilíbrio dinâmico entre estes dois polos, integrando a força da intenção focada com a leveza da entrega confiante.

Princípios da Dança da Entrega:

Para dançar com a entrega na cocriação consciente, podemos cultivar alguns princípios chave:

Confiança no Universo e na Inteligência Infinita: O princípio fundamental da entrega é a confiança profunda no universo, na inteligência infinita que governa a criação, na sabedoria divina que guia o fluxo da vida. Confie que o universo é benevolente, abundante e está sempre a conspirar a seu favor, mesmo quando as aparências indicam o contrário. Confie que existe um plano maior em ação, para além da sua compreensão limitada, e que esse plano está a trabalhar para o seu bem maior, mesmo quando o caminho se torna sinuoso ou desafiante.

Libertação do Controle Excessivo e do Apego ao Resultado: Aprenda a libertar o controle excessivo sobre o processo de manifestação e o apego obsessivo ao resultado específico. Defina as suas intenções com clareza e foco, visualize a realidade desejada com emoção e convicção, repita as suas afirmações com fé e persistência, mas depois entregue o resultado ao universo, confiando que ele se manifestará no tempo perfeito e da forma mais apropriada. Desapegue-se da necessidade de controlar *como*, *quando* e *onde* a sua intenção se irá manifestar, e abra-se à possibilidade de o universo surpreendê-lo com soluções e caminhos ainda melhores do que aqueles que você poderia imaginar.

Aceitação do Presente Momento e do Fluxo da Vida: A entrega implica aceitar o presente momento tal como ele é, sem resistência, sem julgamento, sem lamentações sobre o passado ou ansiedade sobre o futuro. Aceite as circunstâncias atuais como um ponto de partida, como um degrau na sua jornada de cocriação consciente, e confie que o universo está a guiá-lo para o próximo passo no caminho da manifestação. Flua com o ritmo natural da vida, com os seus altos e baixos, com os seus ciclos de criação e destruição, com a sua dança constante de mudança e transformação.

Ouvir a Intuição e Seguir a Orientação Interior: A entrega abre espaço para ouvir a sua intuição e seguir a orientação interior que o universo lhe envia através de sinais, sincronicidades, sonhos, insights e inspirações. Esteja atento aos sussurros da sua alma, às mensagens do seu coração, aos impulsos criativos que surgem espontaneamente na sua mente. Confie na sua sabedoria interior e siga a orientação divina que o guia para o caminho da manifestação mais alinhado com o seu propósito e com o seu bem maior.

Gratidão pelo Processo e não Apenas pelo Resultado: Cultive a gratidão não apenas pelo resultado final da manifestação, mas também pelo processo em si. Aprecie cada passo da jornada, cada desafio superado, cada aprendizado adquirido, cada pequena vitória celebrada. Reconheça a beleza e a magia de cada momento presente, mesmo quando o caminho parece incerto ou difícil. A gratidão pelo processo fortalece a sua fé, alimenta a sua perseverança e torna a jornada da cocriação consciente mais prazerosa e significativa.

Entrega ao Fluxo Divino e à Vontade Superior: A entrega mais profunda implica render-se ao fluxo divino, à vontade superior da Consciência Única, reconhecendo que você é apenas um instrumento na dança cósmica da criação. Entregue os seus desejos e intenções a uma força maior do que você, confiando que a sabedoria divina irá guiá-lo para além dos seus planos limitados, para um destino mais elevado e mais pleno de significado do que aquele que você poderia imaginar. Esta entrega não é abdicação do seu poder pessoal, mas sim a sua expressão mais elevada, a colaboração consciente com a inteligência infinita do universo para a manifestação do bem maior para si e para toda a criação.

Praticando a Entrega na Cocriação Consciente:

Para integrar a dança da entrega na sua prática de cocriação consciente, experimente as seguintes sugestões práticas:

Meditação da Entrega: Reserve momentos diários para a meditação da entrega. Sente-se em silêncio, respire fundo e imagine-se a entregar os seus desejos e intenções ao universo, como se estivesse a depositar sementes num jardim fértil e confiando que elas irão florescer no tempo perfeito. Visualize-se a libertar o controle, a soltar o apego ao resultado, e a abrir-se à sabedoria e à orientação divina. Sinta a paz, a confiança e a serenidade da entrega a preencherem o seu ser.

Afirmações de Entrega: Incorpore afirmações de entrega na sua prática diária. Exemplos de afirmações de entrega: "Eu confio no fluxo do universo e entrego os meus desejos à sabedoria divina", "Eu libero o controle e permito que o universo manifeste os meus sonhos da melhor forma possível", "Eu confio na orientação da minha intuição e sigo o fluxo da vida com serenidade e confiança", "Eu aceito o presente momento com gratidão e abro-me às surpresas maravilhosas que o universo tem para mim". Repita estas afirmações com convicção e fé, para reprogramar a sua mente subconsciente com a atitude da entrega.

Visualização da Entrega: Combine a sua prática de visualização com a imagem da entrega. Visualize-se a entregar os seus desejos e intenções ao universo como se estivesse a lançar um barco de papel num rio caudaloso e a confiar que ele irá navegar em segurança até ao seu destino final. Visualize-se a abrir as mãos, a soltar o controle, e a permitir que a corrente da vida o guie para além das suas expectativas limitadas. Sinta a leveza, a liberdade e a confiança da entrega a envolverem o seu ser.

Ações Inspiradas e Desapego do Resultado: Ao agir em direção aos seus objetivos, procure seguir a sua intuição e os seus impulsos inspirados, em vez de tentar controlar cada passo do caminho de forma rígida e planejada. Dê o seu melhor em cada ação, com foco e dedicação, mas desapegue-se do resultado específico.

Confie que o universo irá coordenar os eventos, as pessoas e as circunstâncias de forma a alinhar-se com a sua intenção, mesmo que o resultado final seja diferente do que você inicialmente imaginou. Esteja aberto às surpresas e às reviravoltas do destino, e confie que tudo está a acontecer para o seu bem maior.

Aceitação dos "Desvios" e "Atrasos" como parte do Plano Divino: Quando o caminho da manifestação se torna sinuoso, quando surgem "desvios" ou "atrasos" aparentemente indesejados, procure aceitar estas situações como parte do plano divino, como oportunidades de aprendizado, crescimento e realinhamento com a sua intenção original. Em vez de resistir ou lamentar os "desvios", procure aprender com eles, adaptar-se às novas circunstâncias, e confiar que o universo está a guiá-lo para um destino ainda melhor do que aquele que você inicialmente planeou. Muitas vezes, os "desvios" e "atrasos" são desvios aparentes que nos levam a um caminho ainda mais alinhado com o nosso propósito e com a nossa felicidade.

A dança da entrega é a arte de harmonizar a intenção focada com a confiança inabalável no universo. É a sabedoria de plantar as sementes dos seus desejos com clareza e propósito, e depois deixar que o universo as nutra e as faça florescer no tempo perfeito e da forma mais apropriada. Ao aprender a dançar com a entrega, você liberta-se do peso do controle excessivo, abre-se à magia da sincronicidade, e permite que a abundância, a alegria e a realização fluam livremente para a sua vida. Comece hoje mesmo a praticar a dança da entrega, e descubra a leveza, a fluidez e a beleza de cocriar a sua realidade em harmonia com o universo!

Capítulo 18
Cocriação Consciente em Movimento

A cocriação consciente ganha vida quando unimos intenção e ação, permitindo que nossos desejos se transformem em realidade através de movimentos alinhados com a nossa essência. Não basta apenas sonhar, visualizar ou afirmar; é preciso agir de maneira inspirada, seguindo os impulsos que nascem da intuição e do alinhamento interior. Cada passo dado com confiança e propósito se torna um elo entre o invisível e o tangível, abrindo caminho para oportunidades, sincronicidades e manifestações que refletem a conexão profunda entre nossa consciência e o universo em constante fluxo.

A cocriação consciente não é apenas um processo interno e mental, que se limita ao domínio dos pensamentos, das crenças e das emoções. É também um processo dinâmico e ativo, que se manifesta no mundo através das nossas ações, das nossas escolhas e dos nossos comportamentos. A ação inspirada é a ponte que liga o mundo interior da intenção e da projeção ao mundo exterior da realidade manifesta. É o movimento, o fluxo, a dança que coloca a cocriação consciente em ação, tornando-a tangível e palpável na nossa vida quotidiana.

A ação inspirada não é uma ação qualquer, mecânica ou automática, motivada pelo medo, pela obrigação ou pela expectativa externa. É uma ação que nasce da intuição, do alinhamento com a nossa verdade interior, da ressonância com o nosso propósito de vida, da orientação divina que recebemos através da nossa consciência expandida. A ação inspirada é leve, fluida, natural, espontânea, e carregada de entusiasmo, alegria e paixão. É uma ação que nos impulsiona para a frente com confiança, que nos guia para as oportunidades certas, que nos alinha com as pessoas e as circunstâncias que se harmonizam com a nossa intenção.

Se os pensamentos e crenças são a linguagem, a visualização a gramática, as afirmações a voz, a gratidão o combustível, as emoções positivas a eletricidade, e a entrega a dança, então a ação inspirada é o corpo em movimento, a expressão física da cocriação consciente a manifestar-se no mundo. É a materialização da intenção, a concretização da visão, a tradução dos sonhos em realidade palpável. A ação inspirada é a ponte entre o invisível e o visível, entre o potencial e a manifestação, entre a consciência e a experiência.

Características da Ação Inspirada:

A ação inspirada distingue-se da ação comum por algumas características essenciais:

Nascida da Intuição e da Orientação Interior: A ação inspirada não é motivada pela lógica racional, pelo cálculo estratégico ou pela pressão externa, mas sim pela voz suave e sábia da intuição, pela orientação interior que surge do nosso coração, da nossa alma, da nossa conexão com a Consciência Única. É uma ação que sentimos como "certa", como "alinhada", como "natural", mesmo que a mente racional não compreenda totalmente o porquê. A ação inspirada surge de um lugar de sabedoria interior que transcende a mente lógica e linear.

Leveza, Fluidez e Facilidade: A ação inspirada não é esforçada, tensa ou pesada, mas sim leve, fluida e fácil. Quando estamos a agir inspirados, sentimos que estamos a "fluir com a corrente", que o universo está a conspirar a nosso favor, que as portas se abrem espontaneamente, que as sincronicidades se manifestam naturalmente, que os obstáculos se dissolvem com facilidade. A ação inspirada sente-se prazerosa, gratificante e energizante, em vez de exaustiva, frustrante ou desanimadora.

Entusiasmo, Alegria e Paixão: A ação inspirada é motivada pela paixão, pelo entusiasmo e pela alegria. É uma ação que nos faz sentir vivos, entusiasmados e realizados. Quando estamos a agir inspirados, sentimos um fogo interior a impulsionar-nos para a frente, uma energia vibrante que nos move com confiança e determinação. A ação inspirada sente-se entusiasmante, motivadora e inspiradora, tanto para nós como para os outros que são tocados pela nossa ação.

Alinhamento com o Propósito e os Valores: A ação inspirada está alinhada com o nosso propósito de vida e com os nossos valores mais profundos. É uma ação que contribui para a nossa realização pessoal, para o nosso crescimento espiritual, e para o bem maior de todos os envolvidos. A ação inspirada sente-se significativa, valiosa e com propósito, em vez de vazia, superficial ou egoísta.

Abertura à Sincronicidade e à Magia: A ação inspirada abre espaço para a sincronicidade e para a magia se manifestarem na nossa vida. Quando estamos a agir inspirados, o universo responde com sinais, coincidências e eventos aparentemente "milagrosos" que nos guiam para o caminho da manifestação, que nos conectam com as pessoas e as oportunidades certas, que nos revelam soluções inesperadas e criativas. A ação inspirada sente-se mágica, surpreendente e cheia de sincronicidade, como se o universo estivesse a dançar connosco em perfeita harmonia.

Como Integrar a Ação Inspirada na Cocriação Consciente:

Integrar a ação inspirada na sua prática de cocriação consciente é um processo contínuo de escuta interior, de alinhamento com a intuição, e de resposta espontânea aos impulsos divinos. Aqui estão algumas estratégias práticas para cultivar e seguir a ação inspirada:

Cultivar a Escuta Interior e a Intuição: O primeiro passo para a ação inspirada é desenvolver a capacidade de escutar a voz da sua intuição e de confiar na sua orientação interior. Reserve momentos diários para silenciar a mente racional, para acalmar o ruído externo, e para conectar-se com a sabedoria do seu coração, através da meditação, do mindfulness, da contemplação na natureza, ou de outras práticas de introspeção. Aprenda a distinguir a voz da intuição dos ruídos da mente egoica, como o medo, a dúvida, a ansiedade ou o julgamento. A intuição geralmente manifesta-se como uma sensação de certeza interior, um conhecimento silencioso, um impulso espontâneo, uma ideia criativa, ou uma sensação de ressonância no corpo.

Pedir Orientação e Estar Recetivo aos Sinais: Antes de tomar uma decisão ou de agir numa determinada direção, peça orientação ao universo, à sua intuição, à sua consciência superior. Formule a sua pergunta com clareza e abertura, e esteja recetivo aos sinais e às respostas que surgem de diversas formas: através de sonhos, sincronicidades, conversas, livros, mensagens, sentimentos, ou insights espontâneos. Confie que o universo irá guiá-lo para o caminho certo, se você estiver disposto a ouvir e a seguir a orientação divina.

Agir no Momento Presente e com Espontaneidade: A ação inspirada surge no momento presente, da resposta espontânea ao fluxo da vida, da sintonia com o ritmo do universo. Evite planear excessivamente, controlar cada detalhe, ou adiar a ação para o futuro. Quando sentir um impulso claro e positivo para agir numa determinada direção, avance com confiança e espontaneidade, sem hesitação, sem procrastinação, sem analisar excessivamente as consequências. A ação inspirada é ágil, imediata, e alinhada com o fluxo do momento presente.

Seguir o Entusiasmo e a Alegria como Guias: O entusiasmo e a alegria são sinais indicadores de que você está no caminho da ação inspirada. Preste atenção às atividades, às pessoas, às oportunidades que o fazem sentir entusiasmado, alegre e apaixonado. Siga o seu entusiasmo como um guia, confie na sua alegria como uma bússola, e invista o seu tempo e a sua energia nas áreas da sua vida que ressoam com a sua paixão interior. A ação inspirada sente-se gratificante, energizante e cheia de vitalidade.

Confiar no Fluxo e Desapegar-se do Resultado: Ao agir inspirado, confie no fluxo do universo e desapegue-se do resultado específico. Dê o seu melhor em cada ação, com dedicação e excelência, mas liberte a necessidade de controlar o desfecho final. Confie que o universo irá coordenar os eventos e as circunstâncias de forma a alinhar-se com a sua intenção mais elevada, mesmo que o resultado seja diferente do que você inicialmente esperava. A ação inspirada é entregue ao fluxo divino, confiante de que o universo irá providenciar o melhor resultado possível, no tempo perfeito e da forma mais apropriada.

Observar os Sinais e as Sincronicidades: Após agir inspirado, esteja atento aos sinais e às sincronicidades que surgem na sua vida como feedback do universo. Observe as "coincidências" significativas, as oportunidades inesperadas, as mensagens que ressoam consigo, as portas que se abrem espontaneamente. Estes sinais são validações do universo de que você está no caminho certo, de que a sua ação está alinhada com o fluxo da criação, de que a manifestação está a desenrolar-se de forma harmoniosa e mágica. A sincronicidade é a linguagem do universo a comunicar connosco, a guiar-nos e a apoiar-nos na nossa jornada de cocriação consciente.

Integrando a Ação Inspirada na Prática Diária:

Para começar a integrar a ação inspirada na sua prática diária de cocriação consciente, experimente os seguintes exercícios práticos:

Meditação da Ação Inspirada: Reserve momentos diários para a meditação da ação inspirada. Sente-se em silêncio, respire fundo e visualize-se a receber orientação intuitiva sobre as ações inspiradas que pode realizar no seu dia a dia. Pergunte-se: "Quais são as ações inspiradas que posso tomar hoje para me aproximar dos meus objetivos e do meu propósito de vida? Que passos posso dar que sejam leves, fluidos e alinhados com a minha alegria e entusiasmo?". Esteja recetivo às respostas que surgem na sua mente, no seu coração, e no seu corpo, e anote as ideias e os impulsos que receber.

Diário da Ação Inspirada: Mantenha um diário da ação inspirada. No final de cada dia, reflita sobre as ações que realizou ao longo do dia e identifique aquelas que foram verdadeiramente inspiradas, que surgiram da intuição, do entusiasmo e da espontaneidade, e que trouxeram resultados positivos e sincronicidades para a sua vida. Anote as características da ação inspirada, as emoções que sentiu ao agir, os resultados que obteve, e os sinais de validação do universo que testemunhou. Este diário ajudá-lo-á a refinar a sua capacidade de reconhecer e seguir a ação inspirada.

Desafio da Ação Inspirada Semanal: Defina um desafio da ação inspirada semanal. Escolha uma área da sua vida onde deseja manifestar uma mudança positiva, e comprometa-se a realizar pelo menos uma ação inspirada por dia nessa área, durante uma semana.

Podem ser ações pequenas ou grandes, simples ou complexas, o importante é que sejam ações que nasçam da intuição, do entusiasmo e do alinhamento com a sua verdade interior. Observe os resultados e as sincronicidades que surgem ao longo da semana e celebre o poder da ação inspirada na sua vida.

Parceiro de Responsabilidade da Ação Inspirada: Encontre um parceiro de responsabilidade que também esteja a praticar a cocriação consciente e a integrar a ação inspirada na sua vida. Partilhem as vossas experiências, os vossos desafios, as vossas conquistas e as vossas aprendizagens. Incentivem-se mutuamente a seguir a ação inspirada, a superar a resistência, e a celebrar os progressos. O apoio e a partilha com um parceiro de responsabilidade podem fortalecer a sua motivação e a sua perseverança na jornada da cocriação consciente em movimento.

A ação inspirada é a essência da cocriação consciente em movimento. Ao integrar a ação inspirada na sua prática diária, você transforma a sua projeção mental em realidade tangível, manifestando os seus desejos e sonhos no mundo de forma fluida, espontânea e mágica. Comece hoje mesmo a cultivar a escuta interior, a seguir a sua intuição, a agir inspirado pelo entusiasmo e pela alegria, e a dançar com a corrente da vida em direção à realidade que você anseia cocriar. Deixe que a ação inspirada seja o corpo em movimento da sua cocriação consciente, e prepare-se para viver uma vida plena de propósito, paixão e manifestação abundante!

Capítulo 19
Cocriando Relacionamentos

Os relacionamentos são reflexos vivos da nossa energia, espelhando de volta aquilo que projetamos consciente ou inconscientemente. Cada interação é uma oportunidade de criar conexões mais autênticas e harmoniosas, transformando os vínculos em fontes de crescimento e realização mútua. Ao trazer consciência para a forma como nos relacionamos, podemos intencionalmente cultivar amor, respeito e compreensão, moldando nossas experiências interpessoais de maneira mais leve e significativa. Assim, tornamo-nos cocriadores ativos de relacionamentos que nutrem, inspiram e elevam a nossa jornada.

Os relacionamentos são o teatro da nossa experiência humana, o palco onde se desenrola grande parte da nossa jornada de vida, onde aprendemos, crescemos, amamos, sofremos, e evoluímos. Os relacionamentos podem ser fontes de profunda alegria, apoio, conexão e realização, mas também podem ser cenários de conflito, dor, frustração e desentendimento. A qualidade dos nossos relacionamentos influencia profundamente o nosso bem-estar, a nossa felicidade e a nossa capacidade de cocriar uma vida plena e significativa.

A boa notícia é que os princípios da cocriação consciente aplicam-se também aos relacionamentos. Assim como cocriamos a nossa realidade individual através dos nossos pensamentos, crenças, intenções e emoções, também cocriamos a dinâmica e a qualidade dos nossos relacionamentos através das nossas projeções mentais, das nossas expectativas, das nossas atitudes e dos nossos comportamentos. Ao compreendermos os mecanismos da cocriação consciente nos relacionamentos, podemos tornar-nos cocriadores mais habilidosos e conscientes de interações harmoniosas, amorosas e enriquecedoras.

A Projeção nos Relacionamentos: O Efeito Espelho

Nos relacionamentos, o princípio da projeção manifesta-se de forma particularmente evidente através do "efeito espelho". O que projetamos para os nossos relacionamentos, consciente ou inconscientemente, tende a refletir-se de volta para nós através do comportamento, das atitudes e das reações das outras pessoas. Se projetarmos amor, confiança, respeito e compreensão, é mais provável que recebamos de volta amor, confiança, respeito e compreensão. Se, por outro lado, projetarmos medo, desconfiança, julgamento e crítica, é mais provável que recebamos de volta medo, desconfiança, julgamento e crítica.

Este efeito espelho não significa que somos totalmente responsáveis pelo comportamento dos outros, ou que podemos controlar as suas ações. Cada indivíduo tem o seu livre-arbítrio e a sua própria jornada de vida. No entanto, o que projetamos para os relacionamentos cria um campo energético, uma atmosfera emocional, que influencia a dinâmica da interação e que atrai para nós experiências correspondentes. É como um ciclo de feedback: a nossa projeção influencia o comportamento do outro, que por sua vez reforça a nossa projeção inicial, criando um padrão relacional que se autoperpetua.

Princípios para Cocriar Relacionamentos Harmoniosos:

Para cocriar relacionamentos mais harmoniosos, amorosos e enriquecedores, podemos aplicar os seguintes princípios da cocriação consciente:

Clareza da Intenção Relacional: Assim como definimos intenções claras para as áreas da nossa vida que desejamos manifestar, também podemos definir intenções claras para os nossos relacionamentos. Pergunte-se: "Que tipo de relacionamentos eu desejo cocriar na minha vida? Que qualidades valorizo num relacionamento? Como eu desejo sentir-me e ser tratado nos meus relacionamentos? Que tipo de energia eu desejo irradiar para os meus relacionamentos?". Defina intenções claras e específicas para os seus relacionamentos, focando nas qualidades de harmonia, amor, conexão, compreensão, respeito, apoio, crescimento mútuo e alegria partilhada.

Projetar Amor Incondicional e Aceitação: A base de relacionamentos harmoniosos é o amor incondicional e a aceitação. Procure projetar amor incondicional e aceitação para as pessoas que fazem parte da sua vida, reconhecendo a sua perfeição inerente, as suas qualidades únicas e o seu potencial ilimitado, mesmo para além das suas imperfeições e limitações humanas. Envie pensamentos de amor, compaixão e bondade para as pessoas com quem se relaciona, visualizando-as felizes, saudáveis e realizadas. A sua projeção de amor incondicional cria um campo energético de aceitação e abertura, que convida os outros a responderem da mesma forma.

Cultivar a Empatia e a Compreensão: A harmonia nos relacionamentos floresce com a empatia e a compreensão mútua. Procure colocar-se no lugar do outro, tentar compreender a sua perspetiva, os seus sentimentos, as suas necessidades e os seus motivos, mesmo quando discorda do seu ponto de vista ou não compreende as suas ações. Pratique a escuta ativa, ouvindo com atenção e presença o que o outro tem para dizer, sem julgamento ou interrupção. A empatia e a compreensão criam pontes de conexão e compaixão, dissolvendo barreiras e conflitos.

Comunicar com Clareza, Honestidade e Gentileza: A comunicação é a espinha dorsal de qualquer relacionamento saudável e harmonioso. Procure comunicar-se com clareza, honestidade e gentileza em todas as suas interações. Expresse os seus pensamentos, sentimentos e necessidades de forma assertiva, mas respeitosa, sem agressividade ou passividade. Evite julgamentos, críticas e acusações, e procure focar-se na expressão dos seus sentimentos ("Eu sinto...") e nas suas necessidades ("Eu preciso de...") em vez de culpar ou atacar o outro. A comunicação clara, honesta e gentil constrói confiança, compreensão e intimidade nos relacionamentos.

Focar nos Pontos Fortes e nas Qualidades Positivas: Em vez de focar nos defeitos, nas falhas ou nos comportamentos negativos das pessoas com quem se relaciona, procure direcionar o seu foco para os seus pontos fortes, para as suas qualidades positivas e para o seu potencial. Reconheça e aprecie as virtudes, os talentos e as contribuições positivas das pessoas que fazem parte da sua vida, e expresse o seu reconhecimento e a sua gratidão por elas. O seu foco nos aspetos positivos fortalece as qualidades positivas nos outros, e cria um ciclo virtuoso de apreciação e valorização mútua.

Perdoar e Libertar Resentimentos: Em todos os relacionamentos, surgem inevitavelmente momentos de desentendimento, conflito e dor. A chave para manter a harmonia a longo prazo é a capacidade de perdoar e libertar ressentimentos. O ressentimento e o rancor envenenam os relacionamentos, corroem a conexão e bloqueiam o fluxo do amor. Pratique o perdão consciente, libertando-se da necessidade de ter razão, de vingar-se ou de punir o outro. Perdoe não apenas o outro, mas também a si mesmo, pelas suas próprias falhas e imperfeições. O perdão liberta o passado, abre espaço para o presente e constrói um futuro relacional mais leve e harmonioso.

Cultivar a Gratidão nos Relacionamentos: A gratidão é um ingrediente mágico para fortalecer e nutrir os relacionamentos. Pratique a gratidão consciente nos seus relacionamentos, expressando o seu apreço e reconhecimento pelas pessoas que fazem parte da sua vida, pelas suas qualidades, pelas suas ações, pelas suas contribuições e pela sua presença na sua jornada. Diga "obrigado" com sinceridade, envie mensagens de apreço, escreva cartas de gratidão, ofereça pequenos gestos de reconhecimento. A gratidão nos relacionamentos nutre o amor, fortalece a conexão e atrai mais motivos para agradecer na dinâmica relacional.

Práticas para Cocriar Relacionamentos Harmoniosos:

Para integrar os princípios da cocriação consciente nos seus relacionamentos, experimente as seguintes práticas:

Meditação do Amor Incondicional e da Compaixão: Reserve momentos diários para a meditação do amor incondicional e da compaixão. Sente-se em silêncio, respire fundo e direcione pensamentos de amor, bondade e compaixão para as pessoas que fazem parte da sua vida, começando por si mesmo, depois pela sua família, amigos, colegas, conhecidos, estranhos, e até mesmo para as pessoas com quem tem conflitos ou dificuldades. Visualize-as felizes, saudáveis, realizadas e em paz. Sinta a emoção do amor incondicional a preencher o seu coração e a irradiar-se para o mundo, criando um campo energético de harmonia e bem-estar relacional.

Afirmações para Relacionamentos Harmoniosos: Utilize afirmações para fortalecer a projeção de relacionamentos harmoniosos. Exemplos de afirmações: "Eu cocrio relacionamentos harmoniosos, amorosos e significativos", "Eu projeto amor incondicional e aceitação para todos os meus relacionamentos", "Eu comunico-me com clareza, honestidade e gentileza em todas as minhas interações", "Eu cultivo a empatia e a compreensão nos meus relacionamentos", "Eu perdoo e liberto ressentimentos, abrindo espaço para o amor e a harmonia", "Eu sou grato/a por todos os relacionamentos positivos e enriquecedores da minha vida". Repita estas afirmações diariamente, com convicção e emoção positiva, para programar a sua mente subconsciente com a intenção de cocriar relacionamentos harmoniosos.

Visualização de Interações Harmoniosas: Utilize a visualização criativa para imaginar interações harmoniosas com as pessoas que fazem parte da sua vida, especialmente aquelas com quem tem desafios ou dificuldades. Visualize-se a dialogar com clareza, respeito e compreensão, a resolver conflitos de forma pacífica e construtiva, a partilhar momentos de alegria, conexão e intimidade. Sinta as emoções positivas de harmonia, paz e alegria a preencherem a sua interação visualizada. A visualização de interações harmoniosas programa a sua mente subconsciente com expectativas positivas e prepara-o para responder de forma mais harmoniosa nas interações reais.

Prática da Empatia Ativa: Desafie-se a praticar a empatia ativa em todas as suas interações diárias. Antes de responder ou reagir numa conversa, faça uma pausa consciente e procure colocar-se no lugar do outro. Pergunte-se: "Como será estar na perspetiva desta pessoa? O que poderá estar a sentir? Quais poderão ser as suas necessidades e preocupações?". Ouça com atenção e presença, procurando compreender para além das palavras, a emoção e a intenção subjacentes. Responda com compaixão, gentileza e compreensão, procurando construir pontes de conexão e empatia.

Ato de Gratidão Relacional Diário: Escolha um ato de gratidão relacional consciente para praticar todos os dias. Pode ser expressar verbalmente a sua gratidão a alguém, enviar uma mensagem de apreço, oferecer um gesto de carinho, fazer um elogio sincero, dedicar tempo de qualidade a alguém querido, etc. Pequenos atos de gratidão relacional nutrem os relacionamentos, fortalecem a conexão e irradiam energia positiva para as suas interações.

Cocriar relacionamentos harmoniosos é uma arte que se desenvolve com a consciência, a intenção e a prática. Ao aplicar os princípios da cocriação consciente nos seus relacionamentos, ao projetar amor incondicional, aceitação, compreensão, comunicação clara, foco nos aspectos positivos, perdão e gratidão, você pode transformar a dinâmica das suas interações e criar relacionamentos mais profundos, significativos e harmoniosos. Comece hoje mesmo a cocriar relacionamentos mais amorosos e enriquecedores, e prepare-se para viver a alegria, a conexão e a harmonia que florescem quando projetamos o melhor de nós mesmos nas nossas interações com os outros!

Capítulo 20
Projetando Realização e Contribuição

A realização plena surge quando alinhamos nosso propósito de vida com nossas ações diárias, transformando talentos e paixões em contribuições significativas para o mundo. Mais do que um destino fixo, o propósito é uma jornada de descoberta e expressão autêntica, moldada pela intenção clara e pela ação inspirada. Ao nos abrirmos para essa cocriação consciente, permitimos que oportunidades, conexões e experiências fluam naturalmente, manifestando uma trajetória profissional e pessoal repleta de significado, abundância e impacto positivo.

O propósito de vida e a carreira não são apenas áreas separadas da nossa existência, mas sim dimensões interligadas e interdependentes que influenciam profundamente o nosso bem-estar, a nossa felicidade e o nosso sentido de realização. Viver um propósito de vida claro e significativo, e dedicar a nossa energia e talentos a uma carreira alinhada com esse propósito, é fundamental para uma vida plena, vibrante e com significado profundo. Quando a nossa carreira se torna uma expressão do nosso propósito de vida, o trabalho deixa de ser apenas uma obrigação ou um meio de subsistência, e transforma-se numa fonte de paixão, alegria, criatividade, contribuição e realização pessoal.

A boa notícia é que o propósito de vida e a carreira também podem ser cocriados conscientemente. Assim como moldamos outras áreas da nossa realidade através da nossa projeção mental, também podemos influenciar ativamente a descoberta do nosso propósito de vida e a manifestação de uma carreira alinhada com a nossa essência. Ao aplicarmos os princípios da cocriação consciente ao domínio do propósito e da carreira, podemos libertar o nosso potencial máximo, viver uma vida com significado profundo e deixar uma marca positiva no mundo.

Desvendando o Propósito de Vida: Uma Jornada de Descoberta Interior

O propósito de vida não é algo que se "encontra" como um objeto perdido, ou que se "descobre" como uma fórmula mágica predefinida. O propósito de vida é algo que se desvenda gradualmente, que se revela ao longo da jornada, que se cocria conscientemente em alinhamento com a nossa essência, com os nossos valores mais profundos, com os nossos talentos únicos e com a orientação da nossa alma. A descoberta do propósito de vida é uma jornada de autoconhecimento, de introspeção, de escuta interior e de resposta aos chamados da nossa alma.

O propósito de vida não é necessariamente uma grande missão grandiosa ou uma vocação específica predeterminada. O propósito de vida pode manifestar-se de diversas formas: através de uma carreira significativa, de um trabalho voluntário apaixonante, de projetos criativos que nos inspiram, de relacionamentos profundos que nutrem a nossa alma, de um modo de vida que ressoa com os nossos valores, ou de uma combinação única de todas estas dimensões. O importante não é "encontrar" um propósito específico pré-definido, mas sim viver uma vida com significado, com paixão, com alegria e com contribuição, expressando a nossa essência única e o nosso potencial máximo no mundo.

Princípios para Cocriar o Propósito de Vida e Carreira Alinhada:

Para cocriar um propósito de vida claro e significativo, e uma carreira alinhada com a nossa essência, podemos aplicar os seguintes princípios da cocriação consciente:

Intenção Clara para o Propósito e Carreira: Comece por definir intenções claras e específicas para o seu propósito de vida e para a sua carreira. Pergunte-se: "Qual é o propósito maior que eu desejo viver nesta vida? Que tipo de impacto eu desejo deixar no mundo? Que tipo de trabalho me traz alegria, realização e significado? Que tipo de carreira me permite expressar os meus talentos e paixões? Que tipo de abundância eu desejo atrair através da minha carreira?". Defina intenções claras e específicas, focando naquilo que verdadeiramente ressoa com a sua alma, com os seus valores e com os seus desejos mais profundos.

Conectar-se com a Essência e os Talentos Únicos: Dedique tempo à autoconexão e à introspeção para desvendar a sua essência única, os seus talentos naturais, as suas paixões inatas e os seus valores mais profundos.

Pergunte-se: "Quem sou eu verdadeiramente, para além dos papéis sociais e das expectativas externas? Quais são os meus talentos e habilidades naturais? O que me faz sentir vivo, entusiasmado e apaixonado? Quais são os meus valores mais importantes e o que é que realmente me importa na vida?". Explore as suas paixões, os seus interesses, as suas experiências passadas, os seus sonhos e as suas aspirações mais profundas. Quanto mais profundo for o seu autoconhecimento, mais claro se tornará o seu propósito de vida e mais alinhada será a sua carreira.

Visualizar a Vida e a Carreira Alinhadas com o Propósito: Utilize a visualização criativa para imaginar a sua vida e a sua carreira alinhadas com o seu propósito de vida. Visualize-se a viver o seu propósito com paixão, alegria e realização, a utilizar os seus talentos únicos para contribuir para o mundo de forma significativa, a experimentar abundância financeira e reconhecimento profissional, a sentir-se realizado e feliz com o seu trabalho. Envolva todos os seus sentidos e emoções na visualização, tornando a imagem da sua vida e carreira alinhadas com o propósito o mais vívida e real possível.

Afirmações para o Propósito e Carreira Alinhada: Utilize afirmações para programar a sua mente subconsciente com crenças potenciadoras sobre o seu propósito de vida e a sua carreira. Exemplos de afirmações: "Eu cocrio um propósito de vida claro e significativo", "Eu vivo o meu propósito de vida com paixão, alegria e realização", "Eu manifesto uma carreira alinhada com os meus talentos e paixões", "Eu utilizo os meus talentos únicos para contribuir para o mundo de forma significativa", "Eu atraio abundância financeira e reconhecimento profissional através da minha carreira alinhada com o propósito", "Eu sou grato/a por viver uma vida plena de propósito, paixão e realização profissional". Repita estas afirmações diariamente, com convicção e emoção positiva, para fortalecer a sua projeção mental.

Ação Inspirada em Direção ao Propósito e Carreira: Esteja atento aos impulsos da ação inspirada que o guiam em direção ao seu propósito de vida e à sua carreira alinhada. Siga a sua intuição, explore novas áreas de interesse, experimente diferentes atividades, converse com pessoas que o inspiram, procure oportunidades que ressoem com a sua paixão. Avance com confiança e entusiasmo em direção aos caminhos que se abrem à sua frente, mesmo que a direção final não seja totalmente clara no início. A ação inspirada é a bússola que o guia para o seu propósito de vida.

Entrega ao Fluxo Divino e à Sabedoria do Universo: Confie que o universo está a conspirar a seu favor para o guiar na descoberta do seu propósito de vida e na manifestação da sua carreira alinhada. Entregue as suas dúvidas, os seus medos e as suas incertezas ao universo, confiando que a sabedoria divina irá revelar o caminho certo no tempo perfeito e da forma mais apropriada. Esteja aberto às surpresas, às sincronicidades e às reviravoltas inesperadas que possam surgir ao longo da jornada. A entrega ao fluxo divino permite que o universo o guie para além dos seus planos limitados, para um destino mais elevado e mais pleno de significado.

Cultivar a Paciência e a Persistência na Jornada: A descoberta do propósito de vida e a manifestação de uma carreira alinhada são processos graduais e contínuos, que requerem tempo, paciência, persistência e autocompaixão. Não espere encontrar o seu propósito "da noite para o dia", ou manifestar a carreira perfeita instantaneamente. Permita-se explorar, experimentar, aprender com os erros, ajustar a rota, e celebrar cada passo da jornada. Mantenha-se perseverante na sua prática de cocriação consciente, confie no processo, e celebre os pequenos progressos ao longo do caminho.

Práticas para Cocriar o Propósito de Vida e Carreira Alinhada:

Para integrar os princípios da cocriação consciente no domínio do propósito de vida e da carreira, experimente as seguintes práticas:

Meditação da Descoberta do Propósito de Vida: Reserve momentos regulares para a meditação da descoberta do propósito de vida. Sente-se em silêncio, respire fundo e conecte-se com a sua essência mais profunda. Pergunte ao seu coração: "Qual é o meu propósito de vida? O que eu vim fazer aqui? Como posso contribuir para o mundo de forma significativa?". Esteja receptivo às respostas que surgem na sua mente, no seu coração, e na sua intuição, e anote as ideias, os insights e os sentimentos que receber.

Exercício da Paixão e dos Talentos: Realize um exercício de exploração das suas paixões e talentos. Faça uma lista de todas as atividades, os temas, os interesses, os hobbies que o fazem sentir entusiasmado, alegre e apaixonado. Identifique os seus talentos naturais, as suas habilidades inatas, as áreas onde se sente mais competente e realizado. Procure identificar padrões e conexões entre as suas paixões e talentos, e reflita sobre como poderá combiná-los para criar um propósito de vida e uma carreira alinhada com a sua essência.

Diário da Jornada do Propósito: Mantenha um diário da jornada do propósito de vida. Anote as suas reflexões, os seus insights, as suas inspirações, os seus progressos, os seus desafios e as suas aprendizagens ao longo da jornada de descoberta do propósito e da cocriação da carreira. Este diário ajudá-lo-á a acompanhar a sua evolução, a clarificar os seus pensamentos, a fortalecer a sua intenção, e a celebrar os marcos da sua jornada.

Conversas Inspiradoras e Mentoria: Procure conversas inspiradoras com pessoas que já vivem o seu propósito de vida e que manifestaram carreiras alinhadas com a sua essência. Peça conselhos, partilhe as suas dúvidas e os seus desafios, aprenda com as suas experiências e os seus insights. Considere procurar um mentor que o possa guiar e apoiar na jornada da descoberta do propósito e da cocriação da carreira. A sabedoria e o apoio de outros podem ser inestimáveis para o seu crescimento e para a sua clareza de direção.

Ato de Coragem e Exploração Semanal: Desafie-se a dar um ato de coragem e exploração por semana em direção ao seu propósito de vida e à sua carreira alinhada. Pode ser experimentar uma nova atividade, participar num evento inspirador, contactar alguém que admira, iniciar um projeto criativo, voluntariar-se numa causa que o apaixona, fazer um curso online, ler um livro inspirador, etc. Pequenos atos de coragem e exploração abrem portas, revelam novas possibilidades e impulsionam a sua jornada do propósito.

Cocriar o propósito de vida e a carreira alinhada é uma das maiores aventuras da existência humana, uma jornada de autodescoberta, de crescimento pessoal e de contribuição para o mundo. Ao aplicar os princípios da cocriação consciente a este domínio fundamental, ao projetar intenções claras, ao conectar-se com a sua essência, ao visualizar a realidade desejada, ao utilizar afirmações potenciadoras, ao seguir a ação inspirada, ao entregar-se ao fluxo divino, e ao cultivar a paciência e a persistência, você pode desvendar o seu propósito de vida único, manifestar uma carreira alinhada com a sua essência e viver uma vida plena de significado, paixão e realização. Comece hoje mesmo a cocriar o seu propósito de vida e carreira alinhada, e prepare-se para florescer em todo o seu potencial, irradiando a sua luz única para o mundo!

Capítulo 21
Vivendo uma Realidade Projetada

A realidade que experimentamos é o reflexo direto das nossas projeções internas, uma construção moldada por nossos pensamentos, crenças e emoções. Cada elemento da nossa existência, desde os desafios até as conquistas, é gerado pela forma como interagimos energeticamente com o universo. A verdadeira maestria da cocriação consciente vai além da simples manifestação de desejos pontuais; trata-se de viver alinhado com um fluxo contínuo de intenções claras e ações inspiradas. Ao reconhecermos e assumirmos o papel de projetores da nossa própria realidade, damos um passo essencial para transformar a cocriação de um conceito teórico em uma prática diária integrada a cada momento da nossa vida.

Agora, vamos integrar todas estas ferramentas e princípios na nossa vida quotidiana, transformando a cocriação consciente de uma prática esporádica ou conceptual numa forma de ser e de viver, numa maestria da projeção consciente que se manifesta em todos os momentos e em todas as áreas da nossa experiência. A meta final da cocriação consciente não é apenas manifestar desejos isolados ou alcançar objetivos específicos, mas sim viver uma vida projetada com maestria, uma vida plena de significado, alegria, abundância, amor, propósito e realização, em alinhamento com a nossa essência mais profunda e com o fluxo da vida.

A Cocriação Consciente como Estilo de Vida:

Integrar a cocriação consciente na vida quotidiana significa incorporar os seus princípios e práticas em todas as dimensões da nossa experiência, transformando a nossa forma de pensar, de sentir, de agir e de interagir com o mundo. Não se trata de "adicionar" mais uma técnica ou rotina à nossa agenda, mas sim de reconfigurar a nossa consciência, de reprogramar os nossos hábitos mentais e emocionais, de redefinir o nosso paradigma de realidade, de abraçar uma nova forma de ser que se manifesta em todas as áreas da nossa vida.

A cocriação consciente como estilo de vida implica:

Viver na Consciência do Projetor Interior: Manter sempre presente a consciência do seu poder de Projetor Interior, recordando-se constantemente de que você é o criador da sua realidade, de que os seus pensamentos, crenças, intenções e emoções moldam ativamente a sua experiência. Despertar a cada manhã com a intenção consciente de projetar um dia maravilhoso, cheio de alegria, abundância e sincronicidade, e recordar-se ao longo do dia do seu poder de influenciar a sua realidade em cada momento.

Cultivar a Atenção Plena e a Presença: Viver no momento presente com atenção plena e presença consciente é fundamental para a cocriação quotidiana.

Pratique o mindfulness em todas as suas atividades diárias, prestando atenção plena às suas sensações, aos seus pensamentos, às suas emoções, ao ambiente à sua volta, ao sabor da comida, ao toque da água, ao som das vozes, etc. A presença consciente permite-lhe observar os seus pensamentos e emoções sem julgamento, identificar padrões limitantes, direcionar a sua atenção para o positivo, e responder de forma mais consciente e intencional aos desafios e oportunidades que surgem no seu dia a dia.

Praticar a Gestão Consciente dos Pensamentos e Crenças: Manter uma vigilância constante sobre os seus pensamentos e crenças, aplicando as técnicas de identificação, desmantelamento e substituição de crenças limitantes que exploramos no Capítulo 10. Transformar automaticamente os pensamentos negativos em pensamentos positivos, as crenças limitantes em crenças potenciadoras, o medo em amor, a dúvida em confiança. Fazer da gestão consciente dos pensamentos e crenças um hábito mental, uma prática contínua de auto-observação e auto-transformação.

Incorporar a Visualização e as Afirmações na Rotina Diária: Integrar a visualização criativa e as afirmações positivas na sua rotina diária, transformando-as em práticas habituais e automáticas. Visualize a realidade desejada enquanto escova os dentes, toma banho, caminha, espera no trânsito, ou antes de adormecer. Repita as suas afirmações positivas mentalmente ou em voz alta enquanto se veste, prepara o café, faz exercício, ou sempre que tiver um momento livre. Quanto mais integradas e automáticas se tornarem as práticas de visualização e afirmações, mais poderosa e constante será a sua projeção mental.

Viver na Gratidão Contínua: Cultivar a gratidão como uma atitude mental permanente, uma forma de ver o mundo e de experienciar a vida. Começar e terminar cada dia com expressões de gratidão, reconhecendo e apreciando as bênçãos da sua vida, grandes e pequenas. Procurar motivos para agradecer em todas as situações, mesmo nas desafiantes ou negativas. Transformar a gratidão num filtro da perceção, num hábito emocional, numa dança contínua de reconhecimento e apreço pela abundância da vida.

Irradiar Emoções Positivas para o Mundo: Fazer um esforço consciente para cultivar e irradiar emoções positivas para o mundo em todas as suas interações. Escolher conscientemente a alegria, o amor, o entusiasmo, a compaixão, a esperança, a confiança e a paz como estados emocionais predominantes na sua vida quotidiana. Praticar a bondade, a generosidade e a empatia em todas as suas relações, irradiando energia positiva para as pessoas, os lugares e as situações que o rodeiam. Tornar-se um "foco de luz" que irradia positividade para o mundo, atraindo para si experiências e pessoas que ressoam com essa mesma energia vibrante.

Dançar com a Entrega e o Fluxo da Vida: Viver na dança da entrega, confiando no fluxo do universo, libertando o controle excessivo e o apego ao resultado, aceitando o presente momento, ouvindo a intuição, e seguindo a orientação interior. Fluir com o ritmo natural da vida, com os seus altos e baixos, com os seus ciclos de criação e destruição, com as suas reviravoltas inesperadas. Confiar que o universo está a conspirar a seu favor, mesmo quando o caminho se torna sinuoso ou incerto. Viver com leveza, flexibilidade e adaptabilidade, dançando com a vida em vez de lutar contra ela.

Agir Inspirado e Alinhado com o Propósito: Tomar decisões e ações inspiradas, guiadas pela intuição, pelo entusiasmo, pela alegria e pelo alinhamento com o seu propósito de vida. Responder espontaneamente aos impulsos criativos, às oportunidades que surgem, às sincronicidades que se manifestam. Viver com coragem, autenticidade e paixão, expressando os seus talentos únicos e contribuindo para o mundo de forma significativa. Fazer da ação inspirada um modo de vida, uma dança contínua de criação e manifestação no mundo.

Cocriar Relacionamentos Harmoniosos em Todas as Áreas: Aplicar os princípios da cocriação consciente a todos os seus relacionamentos, cultivando a projeção de amor incondicional, aceitação, empatia, compreensão, comunicação clara, foco nos aspectos positivos, perdão e gratidão em todas as suas interações. Irradiar harmonia e conexão para a sua família, amigos, colegas, parceiros, conhecidos e até mesmo para estranhos. Fazer dos relacionamentos harmoniosos uma prioridade na sua vida, reconhecendo que a qualidade das suas interações influencia profundamente o seu bem-estar e a sua felicidade.

Manifestar o Propósito de Vida e a Carreira Alinhada como Expressão da Essência: Viver o seu propósito de vida e a sua carreira alinhada como uma expressão natural da sua essência, dos seus talentos únicos, das suas paixões inatas e dos seus valores mais profundos. Utilizar o seu trabalho como um veículo de contribuição para o mundo, como uma forma de deixar a sua marca positiva, como uma fonte de alegria, realização e abundância. Integrar o seu propósito de vida e a sua carreira alinhada em todas as dimensões da sua existência, vivendo uma vida coerente, autêntica e plena de significado.

Dicas Práticas para a Integração Contínua:

Para facilitar a integração contínua da cocriação consciente na sua vida quotidiana, experimente as seguintes dicas práticas:

Comece Pequeno e Seja Gradual: Não tente transformar a sua vida da noite para o dia. Comece com pequenas mudanças, focando-se em integrar um ou dois princípios ou práticas de cocriação consciente na sua rotina diária. À medida que se sentir mais confortável e confiante, vá adicionando gradualmente novos elementos e expandindo a sua prática para outras áreas da sua vida. A consistência e a progressão gradual são mais eficazes do que tentativas radicais e efémeras de mudança.

Defina Lembretes Visuais e Auditivos: Crie lembretes visuais e auditivos para o ajudar a manter-se consciente da cocriação ao longo do dia. Utilize *post-its* com afirmações positivas no espelho, no frigorífico ou no computador. Defina *alarmes* no seu telemóvel com mensagens inspiradoras ou lembretes para praticar a gratidão ou a visualização. Use *papéis de parede* no seu computador ou telemóvel com imagens que representem a realidade que você deseja cocriar. Os lembretes visuais e auditivos ajudam a manter a sua atenção focada na cocriação consciente ao longo do dia.

Crie Rituais Diários e Semanais: Incorpore rituais diários e semanais na sua rotina para reforçar a prática da cocriação consciente. Reserve momentos específicos do dia para a meditação, a visualização, as afirmações, a escrita no diário da gratidão ou outras práticas que ressoem consigo. Defina momentos da semana para refletir sobre os seus progressos, para planear as suas intenções, para celebrar as suas conquistas e para ajustar a sua abordagem. Os rituais diários e semanais criam estrutura, consistência e disciplina na sua prática de cocriação consciente.

Procure um Parceiro de Responsabilidade ou Grupo de Apoio: Encontre um parceiro de responsabilidade ou junte-se a um grupo de apoio de cocriação consciente, para partilhar experiências, desafios, conquistas e aprendizagens, para receber e oferecer incentivo e motivação, e para manter-se responsável pela sua prática. A partilha com outros que trilham um caminho semelhante pode fortalecer a sua determinação, expandir a sua perspetiva e enriquecer a sua jornada.

Seja Paciente, Gentil e Persistente Consigo Mesmo: Lembre-se de que a integração da cocriação consciente na vida quotidiana é um processo contínuo e gradual, não uma meta a ser alcançada de forma instantânea ou perfeita. Seja paciente, gentil e compassivo consigo mesmo ao longo da jornada. Não se critique pelos seus "escorregões" ou pelas suas dificuldades. Celebre os pequenos progressos, aprenda com os desafios, e persista na sua prática com amor, fé e determinação. A maestria da cocriação consciente é uma jornada de vida, não um destino final.

Integrar a cocriação consciente na vida quotidiana é abraçar uma nova forma de ser e de viver, uma forma mais consciente, mais intencional, mais empowered, mais abundante e mais alegre. É transformar a sua realidade de dentro para fora, projetando com maestria a vida dos seus sonhos, e vivendo cada momento com presença, gratidão, alegria, propósito e amor. Comece hoje mesmo a integrar a cocriação consciente na sua vida quotidiana, e prepare-se para testemunhar uma transformação extraordinária da sua experiência, à medida que você se torna um mestre da projeção consciente, e dança em perfeita harmonia com o universo, cocriando uma realidade plena de beleza, abundância e realização!

Capítulo 22
Cocriando Saúde

A saúde é uma expressão natural do equilíbrio entre corpo, mente, emoções e espírito, refletindo a harmonia interna que projetamos para a nossa realidade. Mais do que a simples ausência de doença, a verdadeira saúde manifesta-se como vitalidade, energia e bem-estar em todas as áreas da vida. Cada pensamento, crença e emoção influencia diretamente nosso estado físico, ativando mecanismos de regeneração ou de desequilíbrio. Ao reconhecermos nosso poder de cocriação, podemos alinhar-nos com padrões que fortalecem nossa saúde, promovendo um estado de plenitude e autorregulação natural, onde a vitalidade flui como um reflexo do nosso alinhamento interior.

A boa notícia é que a saúde radiante e o bem-estar pleno podem ser cocriados conscientemente. Assim como moldamos outras áreas da nossa realidade através da nossa projeção mental, também podemos influenciar ativamente a nossa saúde e o nosso bem-estar através dos nossos pensamentos, crenças, intenções, emoções e ações alinhadas com a vitalidade e a harmonia. Ao compreendermos os princípios da cocriação consciente aplicados à saúde e ao bem-estar, podemos tornar-nos cocriadores mais habilidosos e responsáveis da nossa própria jornada de cura, vitalidade e plenitude.

A Saúde como Estado Natural de Ser: Um Retorno à Harmonia

É fundamental compreender que a saúde radiante é o nosso estado natural de ser. O nosso corpo é uma máquina perfeita de autocura e autorregulação, intrinsecamente programada para a vitalidade e o equilíbrio. A doença e o desequilíbrio não são estados "normais" ou "inevitáveis", mas sim sinais de desalinhamento com o nosso estado natural de harmonia, frequentemente causados por padrões de pensamento, crenças, emoções e estilos de vida que não sustentam a nossa vitalidade.

A cocriação consciente da saúde radiante e bem-estar pleno é, portanto, um processo de retorno à harmonia, de realinhamento com o nosso estado natural de vitalidade, de remoção dos bloqueios e das resistências que nos afastam do nosso bem-estar inato. É um processo de despertar para a sabedoria intrínseca do nosso corpo, de honrar a sua inteligência inata, e de colaborar conscientemente com os seus mecanismos de autocura e autorregulação.

Princípios para Cocriar Saúde Radiante e Bem-Estar Pleno:

Para cocriar saúde radiante e bem-estar pleno em todas as dimensões do seu ser, podemos aplicar os seguintes princípios da cocriação consciente:

Intenção Clara para a Saúde e Bem-Estar: Comece por definir intenções claras e específicas para a sua saúde e bem-estar. Pergunte-se: "Como é para mim a saúde radiante e o bem-estar pleno? Como eu desejo sentir-me fisicamente, mentalmente, emocionalmente e espiritualmente? Que nível de vitalidade e energia eu desejo experimentar? Que tipo de saúde eu desejo manifestar no meu corpo? Que tipo de bem-estar eu desejo irradiar para a minha vida?". Defina intenções claras e específicas, focando num estado vibrante de saúde e bem-estar em todas as dimensões do seu ser.

Projetar Imagens de Saúde Perfeita e Vitalidade: Utilize a visualização criativa para projetar imagens vívidas e detalhadas de si mesmo a desfrutar de saúde perfeita e vitalidade radiante. Visualize o seu corpo forte, saudável, energizado, flexível, resistente e vibrante. Imagine os seus órgãos a funcionar em perfeita harmonia, as suas células a brilhar com energia vital, o seu sistema imunitário robusto e eficiente, a sua mente clara, focada e calma, as suas emoções equilibradas e harmoniosas, o seu espírito pleno de paz, alegria e conexão. Envolva todos os seus sentidos na visualização, vendo, ouvindo, sentindo, cheirando e saboreando a experiência da saúde radiante e do bem-estar pleno.

Afirmações para a Saúde Radiante e Bem-Estar Pleno: Utilize afirmações positivas e potenciadoras para programar a sua mente subconsciente com crenças de saúde, vitalidade e bem-estar. Exemplos de afirmações: "Eu cocrio saúde radiante e bem-estar pleno em todas as dimensões do meu ser", "Eu tenho saúde perfeita e vitalidade vibrante", "O meu corpo é forte, saudável, energizado e resiliente", "As minhas células regeneram-se e revitalizam-se constantemente", "O meu sistema imunitário é forte e eficiente", "A minha mente é clara, focada e calma", "As minhas emoções são equilibradas e harmoniosas", "O meu espírito está pleno de paz, alegria e conexão", "Eu sou grato/a pela minha saúde perfeita e bem-estar pleno". Repita estas afirmações diariamente, com convicção e emoção positiva, para fortalecer a sua projeção mental.

Cultivar Emoções Positivas de Saúde e Bem-Estar: Procure cultivar e manter emoções positivas associadas à saúde e ao bem-estar, como alegria, gratidão, entusiasmo, amor, confiança, paz interior, vitalidade e energia. Sinta estas emoções a preencherem o seu corpo e a vibrarem em cada célula do seu ser. As emoções positivas elevam a sua frequência vibracional, sintonizando-o com a energia da saúde e do bem-estar, e fortalecendo a sua capacidade de manifestar estas qualidades na sua realidade.

Alimentar o Corpo com Nutrição Consciente e Vitalidade: A nutrição consciente e vitalizante é um pilar fundamental da cocriação da saúde radiante. Escolha alimentos nutritivos, integrais, orgânicos e vibrantes, ricos em vitaminas, minerais, antioxidantes e energia vital. Priorize frutas, vegetais, legumes, grãos integrais, sementes, oleaginosas e proteínas magras. Reduza ou elimine alimentos processados, refinados, açucarados, gordurosos e tóxicos, que drenam a sua energia e prejudicam a sua saúde. Coma com atenção plena, saboreando cada refeição, agradecendo pelos alimentos, e nutrindo o seu corpo com amor e respeito.

Movimentar o Corpo com Alegria e Consciência: O movimento consciente e prazeroso é essencial para a saúde radiante e o bem-estar pleno. Escolha atividades físicas que lhe tragam alegria, prazer e vitalidade, que ressoem com a sua essência e que se adaptem às suas necessidades e capacidades. Caminhe na natureza, dance, nade, pratique yoga, faça tai chi, ande de bicicleta, corra, faça musculação, ou qualquer outra atividade que o faça sentir vivo, energizado e conectado com o seu corpo. Mova-se com consciência corporal, prestando atenção às sensações, aos limites e aos sinais do seu corpo, honrando o seu ritmo e as suas necessidades.

Descansar e Regenerar o Corpo e a Mente: O descanso adequado e a regeneração são fundamentais para a saúde radiante e o bem-estar pleno. Permita que o seu corpo e a sua mente descansem e se regenerem durante o sono, o lazer, o relaxamento e a meditação. Priorize um sono reparador, com 7-9 horas de sono profundo e tranquilo por noite. Reserve momentos diários para o relaxamento consciente, para o lazer prazeroso, para a meditação e para a contemplação silenciosa, permitindo que o seu sistema nervoso se acalme, que as suas células se revitalizem, e que a sua mente se renove.

Conectar-se com a Natureza e a Energia Vital: A conexão com a natureza e a energia vital é essencial para a saúde radiante e o bem-estar pleno. Passe tempo regularmente em contacto com a natureza, em ambientes naturais e revigorantes, como parques, jardins, florestas, praias, montanhas, lagos, rios, etc. Absorva a energia vital do sol, do ar puro, da água fresca, da terra fértil, das plantas e dos animais. A natureza nutre o corpo, acalma a mente, eleva o espírito e revitaliza a energia vital.

Cultivar Relacionamentos Saudáveis e Apoio Social: Os relacionamentos saudáveis e o apoio social são fundamentais para o bem-estar emocional e mental, que por sua vez influenciam a saúde física. Cultive relacionamentos positivos, nutritivos, amorosos e de apoio, com familiares, amigos, parceiros e comunidades que o inspiram, o valorizam e o elevam. Invista tempo e energia em conexões sociais significativas, partilhe momentos de alegria, de apoio e de intimidade com as pessoas que ama. Relacionamentos saudáveis e apoio social são pilares do bem-estar pleno.

Viver com Propósito, Significado e Contribuição: Viver uma vida com propósito, significado e contribuição é essencial para a saúde espiritual e o bem-estar existencial, que também influenciam a saúde física, mental e emocional. Descubra o seu propósito de vida único, aquilo que o faz sentir vivo, apaixonado e realizado, aquilo que o motiva a levantar-se da cama todos os dias com entusiasmo. Dedique tempo e energia a atividades que ressoam com o seu propósito, que expressam os seus talentos e paixões, e que contribuem para o bem maior do mundo. Viver com propósito, significado e contribuição nutre a alma, fortalece o espírito e irradia bem-estar para todas as áreas da vida.

Práticas para Cocriar Saúde Radiante e Bem-Estar Pleno:

Para integrar os princípios da cocriação consciente na sua jornada de saúde radiante e bem-estar pleno, experimente as seguintes práticas:

Meditação da Cura e da Vitalidade: Reserve momentos diários para a meditação da cura e da vitalidade. Sente-se em silêncio, respire fundo e visualize luz dourada e energia vital a preencherem o seu corpo, a revitalizarem cada célula, a harmonizarem cada órgão, a fortalecerem o seu sistema imunitário, e a restaurarem o seu equilíbrio e bem-estar natural. Repita afirmações de saúde e vitalidade durante a meditação, e sinta a emoção da cura e do bem-estar a preencherem o seu ser.

Diário da Saúde e Bem-Estar: Mantenha um diário da saúde e bem-estar, onde regista diariamente os seus progressos, os seus insights, as suas aprendizagens e as suas intenções na jornada da cocriação da saúde radiante. Anote as suas práticas de nutrição consciente, movimento, descanso, conexão com a natureza, meditação, afirmações, visualizações e cultivo de emoções positivas. Celebre as pequenas vitórias, reconheça os seus esforços, e ajuste a sua abordagem conforme necessário.

Criação de um Plano de Ação de Saúde e Bem-Estar: Crie um plano de ação concreto e realista para integrar os princípios da cocriação consciente na sua jornada de saúde e bem-estar. Defina metas específicas, mensuráveis, alcançáveis, relevantes e com prazo definido (SMART) para cada área da sua vida (nutrição, movimento, descanso, etc.). Estabeleça passos práticos e graduais para implementar as mudanças desejadas, e acompanhe o seu progresso ao longo do tempo.

Consulta com Profissionais de Saúde Conscientes: Procure orientação e apoio de profissionais de saúde conscientes e integrativos, que compreendem a importância da mente, do corpo, das emoções e do espírito na jornada da cura e do bem-estar. Consulte médicos, nutricionistas, terapeutas, *coaches* de bem-estar, professores de yoga, meditação ou outras práticas integrativas, que possam complementar a sua prática de cocriação consciente e guiá-lo de forma personalizada na sua jornada de saúde radiante.

Comunidade de Apoio à Saúde e Bem-Estar: Junte-se a uma comunidade de apoio à saúde e bem-estar, online ou presencial, para partilhar experiências, receber apoio, trocar ideias, inspirar-se e motivar-se mutuamente na jornada da cocriação da saúde radiante. O apoio e a partilha com outros que trilham um caminho semelhante podem fortalecer a sua determinação e enriquecer a sua experiência.

Cocriar saúde radiante e bem-estar pleno é um processo holístico, contínuo e profundamente transformador, que envolve a mente, o corpo, as emoções e o espírito. Ao aplicar os princípios da cocriação consciente à sua jornada de saúde, ao projetar intenções claras, ao visualizar a vitalidade, ao utilizar afirmações potenciadoras, ao cultivar emoções positivas, ao nutrir o corpo, ao movimentar-se com alegria, ao descansar e regenerar-se, ao conectar-se com a natureza, ao cultivar relacionamentos saudáveis, e a viver com propósito, você pode despertar o seu potencial inato de autocura e autorregulação, manifestar uma saúde vibrante e um bem-estar pleno em todas as dimensões do seu ser, e viver uma vida plena de vitalidade, energia, alegria e realização. Comece hoje mesmo a cocriar a sua saúde radiante e bem-estar pleno, e prepare-se para florescer em todo o seu potencial de vitalidade e plenitude!

Capítulo 23
Cocriando Abundância

A abundância é um fluxo natural do universo, uma energia disponível para todos que se alinham com sua frequência. A verdadeira prosperidade vai além da posse de bens materiais, refletindo um estado de plenitude em todas as áreas da vida – financeira, emocional, relacional e espiritual. O dinheiro, como expressão da energia da abundância, responde às crenças e emoções que projetamos sobre ele. Ao transformar padrões limitantes e cultivar uma mentalidade de riqueza, podemos abrir as portas para um fluxo contínuo de oportunidades, recursos e experiências que sustentam uma vida próspera e significativa.

Muitas pessoas lutam com a escassez financeira, vivendo em preocupação, limitação e stress em relação ao dinheiro. A crença na escassez é uma programação mental limitante que nos impede de reconhecer e atrair a abundância que é naturalmente nossa por direito divino. A boa notícia é que a abundância financeira e a prosperidade podem ser cocriadas conscientemente, assim como qualquer outra área da nossa realidade. Ao transformarmos as nossas crenças limitantes sobre o dinheiro, ao alinharmos a nossa energia com a frequência da abundância, e ao aplicarmos as ferramentas da cocriação consciente, podemos abrir o fluxo da prosperidade em todas as áreas da nossa vida.

A Abundância como Estado Natural do Universo: Desbloqueando o Fluxo Divino

É crucial compreender que o universo é intrinsecamente abundante. A natureza é pródiga em recursos, em beleza, em vida, em energia. A escassez é uma ilusão da mente egoica, uma perceção distorcida da realidade, alimentada por crenças limitantes e padrões de pensamento negativos. A abundância é o estado natural do universo, e está disponível para todos nós em quantidade ilimitada.

A cocriação consciente da abundância financeira e prosperidade é, portanto, um processo de desbloqueio do fluxo divino, de remoção das barreiras mentais, emocionais e energéticas que nos impedem de receber a abundância que é naturalmente nossa. É um processo de realinhamento com a frequência da prosperidade, de abertura à recetividade, e de permissão para que a abundância flua livremente para a nossa vida.

Princípios para Cocriar Abundância Financeira e Prosperidade:

Para cocriar abundância financeira e prosperidade em todas as áreas da sua vida, podemos aplicar os seguintes princípios da cocriação consciente:

Intenção Clara para a Abundância e Prosperidade: Comece por definir intenções claras e específicas para a sua abundância financeira e prosperidade. Pergunte-se: "Como é para mim a abundância financeira e a prosperidade? Que nível de riqueza financeira eu desejo manifestar na minha vida? Que tipo de oportunidades e recursos eu desejo atrair? Como eu desejo sentir-me em relação ao dinheiro e à prosperidade? Que tipo de abundância eu desejo experimentar em todas as áreas da minha vida?". Defina intenções claras e específicas, focando num estado vibrante de abundância e prosperidade em todas as dimensões do seu ser.

Transformar Crenças Limitantes sobre o Dinheiro: Identifique e transforme as suas crenças limitantes sobre o dinheiro, as crenças negativas que o impedem de atrair e receber abundância financeira. Crenças como "dinheiro é sujo", "dinheiro é a raiz de todo o mal", "eu não mereço ser rico", "é preciso trabalhar muito para ganhar dinheiro", "a abundância é para os outros, não para mim", "não há dinheiro para todos", são bloqueios mentais que sabotam a sua prosperidade. Utilize as técnicas de libertação de crenças limitantes que exploramos no Capítulo 10 para desmantelar estas crenças negativas e substituí-las por crenças potenciadoras sobre o dinheiro, como "dinheiro é energia", "dinheiro é uma ferramenta para o bem", "eu mereço ser rico e próspero", "o dinheiro flui facilmente e abundantemente para a minha vida", "a abundância é o meu estado natural", "há abundância ilimitada para todos".

Visualizar a Abundância Financeira e Prosperidade: Utilize a visualização criativa para projetar imagens vívidas e detalhadas de si mesmo a desfrutar de abundância financeira e prosperidade em todas as áreas da sua vida. Visualize-se a viver com conforto, segurança e liberdade financeira, a ter recursos para realizar os seus sonhos e desejos, a contribuir para causas que o inspiram, a desfrutar de experiências enriquecedoras, a partilhar a sua abundância com os outros. Imagine a sua conta bancária cheia, a sua carteira próspera, as suas oportunidades a fluir facilmente, os seus investimentos a prosperar, o seu negócio a florescer. Envolva todos os seus sentidos na visualização, vendo, ouvindo, sentindo, cheirando e saboreando a experiência da abundância financeira e prosperidade.

Afirmações para a Abundância Financeira e Prosperidade: Utilize afirmações positivas e potenciadoras para programar a sua mente subconsciente com crenças de abundância e prosperidade financeira. Exemplos de afirmações: "Eu cocrio abundância financeira e prosperidade em todas as áreas da minha vida", "Eu sou um ímã para a abundância e prosperidade financeira", "O dinheiro flui facilmente e abundantemente para a minha vida", "Eu mereço ser rico e próspero", "Eu sou aberto e recetivo a receber abundância de todas as fontes", "Eu utilizo o dinheiro de forma sábia e generosa para o bem maior", "Eu sou grato/a pela abundância financeira e prosperidade que flui constantemente para a minha vida". Repita estas afirmações diariamente, com convicção e emoção positiva, para fortalecer a sua projeção mental.

Cultivar Emoções Positivas de Abundância e Prosperidade: Procure cultivar e manter emoções positivas associadas à abundância e prosperidade, como alegria, gratidão, entusiasmo, confiança, otimismo, segurança, contentamento e apreciação pela riqueza. Sinta estas emoções a preencherem o seu corpo e a vibrarem em cada célula do seu ser. As emoções positivas elevam a sua frequência vibracional, sintonizando-o com a energia da abundância e prosperidade, e fortalecendo a sua capacidade de atrair estas qualidades para a sua realidade.

Praticar a Gratidão pela Abundância Presente e Futura: A gratidão é um poderoso ímã para a abundância. Pratique a gratidão consciente pela abundância que já existe na sua vida, por mais pequena que possa parecer. Agradeça pelo ar que respira, pela água que bebe, pelos alimentos que come, pelo lar que o abriga, pelas roupas que o vestem, pelas pessoas que o amam, pelas oportunidades que se apresentam, pelas bênçãos que o rodeiam. Expresse também gratidão antecipada pela abundância futura que está a cocriar, como se ela já fosse uma realidade presente. Sinta a gratidão a preencher o seu coração e a irradiar-se para o universo, abrindo o fluxo da abundância para a sua vida.

Dar e Receber com Equilíbrio e Generosidade: A abundância flui num ciclo contínuo de dar e receber. Para atrair mais abundância financeira e prosperidade, é importante dar generosamente e receber com gratidão, mantendo o equilíbrio entre estas duas polaridades. Dê com alegria e generosidade, sem apego ao resultado, sem esperar recompensa, com a intenção de contribuir para o bem maior. Receba com gratidão e abertura, reconhecendo o seu valor e a sua merecimento de receber abundância, sem culpa ou resistência. O equilíbrio entre dar e receber mantém o fluxo da abundância em movimento constante na sua vida.

Viver com Mentalidade de Abundância e Oportunidade: Transforme a sua mentalidade de escassez em mentalidade de abundância. Em vez de focar na falta, na limitação e na competição, concentre-se na abundância, nas oportunidades e na cooperação. Acredite que há abundância ilimitada para todos, que o universo é próspero e generoso, que há sempre mais do que o suficiente para satisfazer as necessidades e os desejos de todos. Veja o mundo como um lugar cheio de oportunidades ilimitadas para criar, para prosperar, para contribuir, para realizar os seus sonhos. A mentalidade de abundância abre os seus olhos para as oportunidades e atrai a prosperidade para a sua vida.

Agir Inspirado e Alinhado com a Prosperidade: Esteja atento aos impulsos da ação inspirada que o guiam em direção à prosperidade financeira e à abundância. Siga a sua intuição, explore novas oportunidades de negócio, invista nos seus talentos e paixões, procure formas criativas de gerar valor e contribuir para o mundo, conecte-se com pessoas prósperas e inspiradoras, invista no seu desenvolvimento pessoal e profissional. Avance com confiança e entusiasmo em direção aos caminhos que se abrem à sua frente, confiando na sua capacidade de criar abundância e prosperidade em todas as áreas da sua vida.

Administrar o Dinheiro com Consciência e Sabedoria: A abundância financeira não se trata apenas de atrair mais dinheiro, mas também de administrar o dinheiro com consciência e sabedoria. Desenvolva hábitos financeiros saudáveis, como poupar, investir, planear, orçamentar e gerir o seu dinheiro de forma responsável e inteligente. Aprenda a utilizar o dinheiro como uma ferramenta para o bem, para realizar os seus sonhos, para apoiar as suas paixões, para contribuir para causas que o inspiram, e para criar mais abundância para si e para os outros. A administração consciente e sábia do dinheiro fortalece a sua prosperidade financeira a longo prazo.

Práticas para Cocriar Abundância Financeira e Prosperidade:

Para integrar os princípios da cocriação consciente na sua jornada de abundância financeira e prosperidade, experimente as seguintes práticas:

Meditação da Abundância e Prosperidade: Reserve momentos diários para a meditação da abundância e prosperidade. Sente-se em silêncio, respire fundo e visualize-se a mergulhar num oceano de abundância financeira e prosperidade. Sinta a energia da riqueza, da opulência, da liberdade financeira e da segurança a envolverem o seu ser. Repita afirmações de abundância e prosperidade durante a meditação, e sinta a emoção da riqueza e da prosperidade a preencherem o seu coração.

Diário da Abundância e Prosperidade: Mantenha um diário da abundância e prosperidade, onde regista diariamente as suas experiências, os seus insights, as suas aprendizagens e as suas intenções na jornada da cocriação da abundância financeira. Anote as oportunidades que surgem, as sincronicidades que testemunha, os seus progressos financeiros, as suas práticas de gratidão pela abundância presente e futura, e as suas ações inspiradas em direção à prosperidade. Celebre as pequenas vitórias, reconheça os seus esforços, e ajuste a sua abordagem conforme necessário.

Criação de um Mapa da Visão da Prosperidade: Crie um mapa da visão da prosperidade, um painel visual que represente a sua visão da abundância financeira e prosperidade em todas as áreas da sua vida. Cole imagens, frases, palavras, símbolos, cores e objetos que representem a riqueza, a opulência, a liberdade financeira, as oportunidades, os recursos e a prosperidade que você deseja manifestar. Coloque o seu mapa da visão num local visível e inspire-se nele diariamente, visualizando-se a viver a realidade próspera que você está a cocriar.

Consulta com *Coaches* Financeiros Conscientes e Mentores de Prosperidade: Procure orientação e apoio de *coaches* financeiros conscientes e mentores de prosperidade, que compreendem os princípios da cocriação consciente e que podem guiá-lo de forma personalizada na sua jornada de abundância financeira. Consulte profissionais que o possam ajudar a transformar as suas crenças limitantes sobre o dinheiro, a desenvolver hábitos financeiros saudáveis, a identificar oportunidades de negócio, a investir de forma inteligente, e a alinhar a sua energia com a frequência da prosperidade.

Grupo de *Mastermind* da Prosperidade: Junte-se a um grupo de *mastermind* da prosperidade, um círculo de pessoas com mentalidade de abundância e com objetivos financeiros semelhantes, para partilhar ideias, estratégias, recursos, apoio e *networking*. A energia coletiva e a sabedoria partilhada de um grupo de *mastermind* podem amplificar a sua capacidade de cocriar abundância financeira e prosperidade, acelerando o seu progresso e expandindo as suas possibilidades.

Cocriar abundância financeira e prosperidade é um processo transformador e empoderador, que o liberta da escassez, da limitação e da preocupação, e o abre para um mundo de oportunidades ilimitadas, de recursos abundantes e de realização financeira e material. Ao aplicar os princípios da cocriação consciente à sua jornada de prosperidade, ao transformar as suas crenças limitantes, ao visualizar a abundância, ao utilizar afirmações potenciadoras, ao cultivar emoções positivas, ao praticar a gratidão, ao dar e receber com equilíbrio, ao viver com mentalidade de abundância, ao agir inspirado, e ao administrar o dinheiro com sabedoria, você pode desbloquear o fluxo divino da prosperidade em todas as áreas da sua vida, manifestar a abundância financeira que deseja e merece, e viver uma vida plena de riqueza, liberdade, alegria e contribuição. Comece hoje mesmo a cocriar a sua abundância financeira e prosperidade, e prepare-se para testemunhar a magia da manifestação da riqueza e das oportunidades ilimitadas na sua realidade!

Capítulo 24
Aprendendo a Projetar Paz

A paz é um estado interno que se reflete no mundo ao nosso redor, manifestando-se em nossas relações, escolhas e no ambiente em que vivemos. Projetar a paz significa cultivar intencionalmente harmonia na mente, equilíbrio nas emoções e serenidade no coração, permitindo que essa energia se expanda para cada aspecto da vida. Quando nos alinhamos com essa frequência, nosso lar torna-se um refúgio de tranquilidade, nossos relacionamentos fluem com mais compreensão e nosso caminho se desenrola com leveza. A verdadeira paz não é ausência de desafios, mas a presença de uma consciência que escolhe responder com clareza, amor e confiança.

Um lar harmonioso e um espaço sagrado não se definem pelo tamanho, pelo luxo ou pela decoração, mas sim pela energia que vibra no ambiente. É um lugar que nos acolhe com paz, beleza, serenidade, conforto e segurança, um espaço que nutre a nossa alma, que inspira o nosso espírito e que nos convida a relaxar, a regenerar-nos e a reconectar-nos com a nossa essência. A boa notícia é que a harmonia do lar e a criação de um espaço sagrado podem ser cocriadas conscientemente, assim como qualquer outra área da nossa realidade. Ao aplicarmos os princípios da cocriação consciente ao nosso lar, podemos transformá-lo num verdadeiro oásis de paz e bem-estar, um refúgio que nos sustenta e nos eleva em todos os momentos.

O Lar como Extensão da Nossa Consciência: Refletindo a Nossa Harmonia Interior

É importante compreender que o nosso lar é uma extensão da nossa consciência, um reflexo do nosso estado interior, um espelho da nossa energia e das nossas projeções mentais e emocionais. Se o nosso interior está em desordem, em conflito, em stress ou em negatividade, é provável que o nosso lar reflita essa mesma energia através da desorganização, da confusão, da falta de harmonia e de um ambiente pouco acolhedor. Se, por outro lado, cultivarmos a paz interior, a harmonia, a serenidade e a positividade, é mais provável que o nosso lar se torne um espaço que irradia essas mesmas qualidades, criando um ambiente que nos nutre e nos eleva.

A cocriação consciente de um lar harmonioso e um espaço sagrado é, portanto, um processo de alinhamento interior e exterior, de harmonização da nossa consciência com o nosso ambiente físico, de projeção intencional de energias de paz, beleza e segurança para o nosso refúgio pessoal. É um processo de tornar o nosso lar um reflexo da nossa melhor versão, um santuário que sustenta o nosso crescimento pessoal, a nossa felicidade e o nosso bem-estar pleno.

Princípios para Cocriar um Lar Harmonioso e um Espaço Sagrado:

Para cocriar um lar harmonioso e um espaço sagrado que nutra a sua alma, podemos aplicar os seguintes princípios da cocriação consciente:

Intenção Clara para a Harmonia e Espaço Sagrado: Comece por definir intenções claras e específicas para a harmonia do seu lar e a criação de um espaço sagrado. Pergunte-se: "Como é para mim um lar harmonioso e um espaço sagrado? Como eu desejo sentir-me no meu lar? Que tipo de energia eu desejo que vibre no meu espaço pessoal? Que qualidades eu desejo que o meu lar reflita? Que tipo de refúgio eu desejo cocriar para mim e para os meus?". Defina intenções claras e específicas, focando num lar que seja um verdadeiro santuário de paz, beleza e segurança para si e para todos os que nele habitam.

Projetar Imagens de Paz, Beleza e Segurança no Lar: Utilize a visualização criativa para projetar imagens vívidas e detalhadas do seu lar transformado num espaço harmonioso e sagrado. Visualize cada divisão da sua casa a irradiar paz, serenidade, calma, beleza, luz, ordem, limpeza, conforto e segurança. Imagine as cores, a luz natural, os objetos, as plantas, os sons, os aromas, a atmosfera geral do seu lar a vibrarem em perfeita harmonia e equilíbrio. Envolva todos os seus sentidos na visualização, vendo, ouvindo, sentindo, cheirando e saboreando a experiência de estar no seu lar harmonioso e espaço sagrado.

Afirmações para a Harmonia e Espaço Sagrado no Lar: Utilize afirmações positivas e potenciadoras para programar a sua mente subconsciente com crenças de harmonia e sacralidade para o seu lar. Exemplos de afirmações: "Eu cocrio um lar harmonioso e um espaço sagrado que nutre a minha alma", "O meu lar é um refúgio de paz, beleza e segurança", "A energia do meu lar é leve, fluida e harmoniosa", "Cada divisão da minha casa irradia calma, serenidade e conforto", "O meu lar é um espaço sagrado onde me sinto amado, seguro e protegido", "Eu sou grato/a pelo meu lar harmonioso e espaço sagrado". Repita estas afirmações diariamente, com convicção e emoção positiva, para fortalecer a sua projeção mental.

Cultivar Emoções Positivas de Paz, Harmonia e Segurança no Lar: Procure cultivar e manter emoções positivas associadas à paz, harmonia e segurança no seu lar, como alegria, gratidão, amor, serenidade, calma, contentamento, conforto, relaxamento e bem-estar. Sinta estas emoções a preencherem o seu corpo e a vibrarem em cada célula do seu ser enquanto pensa no seu lar, enquanto visualiza o seu espaço transformado, enquanto pratica as suas afirmações. As emoções positivas elevam a sua frequência vibracional, sintonizando o seu lar com a energia da harmonia e sacralidade, e fortalecendo a sua capacidade de manifestar estas qualidades no seu ambiente físico.

Desintoxicar e Limpar Energeticamente o Lar: A limpeza energética do lar é fundamental para criar um espaço sagrado. Desintoxique o seu lar de energias negativas, desnecessárias ou estagnadas, através de práticas de limpeza energética como: abrir as janelas e ventilar a casa, permitindo que o ar fresco e a luz solar entrem e renovem a energia do ambiente; queimar incenso natural ou ervas sagradas como sálvia branca, palo santo ou alfazema, para purificar e elevar a vibração do espaço; utilizar sons harmoniosos como música relaxante, mantras ou taças tibetanas, para equilibrar a energia do lar; limpar e organizar fisicamente a casa, removendo objetos desnecessários, reparando itens danificados, e criando ordem e fluidez no ambiente. Realize a limpeza energética do seu lar regularmente, especialmente quando sentir o ambiente pesado, tenso ou desarmonioso.

Organizar e Harmonizar o Espaço Físico do Lar: A organização e a harmonização do espaço físico são essenciais para criar um lar harmonioso e um espaço sagrado. Organize cada divisão da sua casa, de forma a criar ordem, fluidez e funcionalidade no ambiente. Remova a desordem, o excesso de objetos e a confusão visual, criando espaço para a energia fluir livremente. Harmonize a decoração, utilizando cores suaves e relaxantes, iluminação natural, materiais naturais, plantas, objetos de arte inspiradores e elementos decorativos que ressoem com a sua essência e com a sua visão de lar harmonioso. Crie um ambiente visualmente agradável, esteticamente equilibrado e funcionalmente eficiente, que convida ao relaxamento, ao bem-estar e à inspiração.

Criar Cantos Sagrados e Espaços de Introspeção: Dentro do seu lar, crie cantos sagrados e espaços dedicados à introspeção, à meditação, à oração, ao relaxamento e à reconexão espiritual. Pode ser um pequeno altar com objetos significativos, um recanto tranquilo com almofadas e velas, um espaço de leitura com livros inspiradores, um jardim interior com plantas e flores, um estúdio de yoga ou meditação, ou qualquer outro espaço que ressoe com a sua necessidade de silêncio, introspeção e reconexão com a sua essência. Utilize estes cantos sagrados regularmente para nutrir a sua alma, acalmar a mente, elevar o espírito e fortalecer a sua conexão com a sua sabedoria interior.

Infusionar o Lar com Elementos da Natureza e Energia Vital: Traga elementos da natureza para dentro do seu lar, para infusionar o ambiente com energia vital, frescura, beleza e harmonia natural. Plantas, flores, cristais, pedras, madeira, água, luz solar, ar fresco, sons da natureza (como o som de água corrente, vento ou pássaros) são elementos naturais que elevam a vibração do lar, que purificam o ar, que revitalizam a energia do ambiente, e que nos conectam com a beleza e a abundância da natureza. Utilize estes elementos naturais na decoração e na organização do seu lar, criando um ambiente que respira vida, frescura e harmonia natural.

Criar uma Atmosfera Acolhedora e Convidativa para Si e para os Outros: O lar harmonioso e o espaço sagrado devem ser acolhedores e convidativos, tanto para si como para as pessoas que você ama e recebe no seu espaço. Crie uma atmosfera que irradia calor humano, conforto, gentileza, hospitalidade, amor e alegria. Utilize cores quentes e convidativas, luz suave e acolhedora, texturas macias e confortáveis, aromas agradáveis e reconfortantes, e objetos que evocam memórias felizes e sentimentos positivos. Crie um ambiente onde todos se sintam bem-vindos, amados, seguros e em paz.

Manter a Intenção Consciente de Harmonia e Sacralidade no Lar: É fundamental manter a intenção consciente de harmonia e sacralidade no seu lar de forma contínua. Lembre-se diariamente da sua intenção de cocriar um lar harmonioso e um espaço sagrado, reforçando as suas visualizações, afirmações e práticas de limpeza energética e organização do espaço. Cultive a atenção plena no seu lar, prestando atenção à energia do ambiente, aos seus sentimentos ao estar em casa, e aos pequenos detalhes que podem contribuir para a harmonia e o bem-estar do seu espaço pessoal. A manutenção contínua da intenção consciente é a chave para sustentar a harmonia e a sacralidade do seu lar a longo prazo.

Práticas para Cocriar um Lar Harmonioso e um Espaço Sagrado:

Para integrar os princípios da cocriação consciente na sua jornada de criação de um lar harmonioso e um espaço sagrado, experimente as seguintes práticas:

Meditação da Harmonização do Lar: Reserve momentos regulares para a meditação da harmonização do lar. Sente-se em silêncio, respire fundo e visualize luz branca e dourada a preencherem todo o seu lar, a purificarem cada divisão, a harmonizarem cada objeto, a elevarem a vibração do ambiente, e a criarem um campo energético de paz, beleza e segurança em todo o seu espaço pessoal. Repita afirmações de harmonia e sacralidade do lar durante a meditação, e sinta a emoção da paz e do bem-estar a preencherem o seu coração e o seu lar.

Caminhada Consciente de Harmonização do Lar: Realize uma caminhada consciente de harmonização do lar. Percorra cada divisão da sua casa com atenção plena, observando a energia do espaço, identificando áreas que precisam de limpeza, organização ou harmonização, e enviando intenções de paz, beleza e segurança para cada canto do seu lar. Toque nos objetos com carinho e gratidão, reorganize os espaços com intenção consciente, e visualize a energia do seu lar a tornar-se cada vez mais leve, fluida e harmoniosa.

Ritual Semanal de Limpeza e Harmonização do Lar: Crie um ritual semanal de limpeza e harmonização do lar. Reserve um momento da semana para realizar uma limpeza física e energética profunda do seu espaço pessoal, aplicando as práticas de ventilação, incenso, sons, organização, decoração, e criação de cantos sagrados que ressoam consigo. Transforme a limpeza e a organização do lar num ato consciente e intencional de criação de um espaço sagrado, infundindo cada ação com amor, gratidão e a intenção de harmonizar o seu ambiente.

Mapa da Visão do Lar Harmonioso e Espaço Sagrado: Crie um mapa da visão do lar harmonioso e espaço sagrado, um painel visual que represente a sua visão do lar ideal, do refúgio perfeito, do santuário pessoal que você deseja cocriar. Cole imagens, frases, palavras, símbolos, cores e objetos que representem a paz, a beleza, a segurança, o conforto, a harmonia, a luz, a natureza e a sacralidade que você deseja manifestar no seu lar. Coloque o seu mapa da visão num local visível e inspire-se nele diariamente, visualizando-se a viver no lar harmonioso e espaço sagrado que você está a cocriar.

Partilha da Intenção de Cocriar o Lar Harmonioso com os Co-habitantes: Se você divide o seu lar com outras pessoas, partilhe a sua intenção de cocriar um lar harmonioso e um espaço sagrado com os seus co-habitantes. Converse sobre a sua visão de lar ideal, ouça as suas perspetivas, e procure encontrar um terreno comum e um acordo mútuo sobre a criação de um ambiente harmonioso e acolhedor para todos. Convide os seus co-habitantes a participar nas práticas de limpeza energética, organização e decoração do lar, transformando a cocriação do espaço sagrado num projeto colaborativo e enriquecedor para todos.

Cocriar um lar harmonioso e um espaço sagrado é um ato de amor-próprio, de autocuidado e de criação consciente de um refúgio pessoal que sustenta a sua jornada de vida. Ao aplicar os princípios da cocriação consciente ao seu lar, ao projetar intenções claras, ao visualizar a harmonia, ao utilizar afirmações potenciadoras, ao cultivar emoções positivas, ao limpar e organizar o espaço, ao trazer a natureza para dentro de casa, e a manter a intenção consciente de sacralidade, você pode transformar a sua casa num verdadeiro santuário de paz, beleza e segurança, um espaço que nutre a sua alma, eleva o seu espírito e irradia bem-estar para todas as áreas da sua vida. Comece hoje mesmo a cocriar o seu lar harmonioso e espaço sagrado, e prepare-se para viver a alegria, o conforto e a serenidade de ter um refúgio pessoal que o sustenta e o eleva em todos os momentos!

Capítulo 25
Cocriando Viagens

Viajar é expandir horizontes, transformar percepções e permitir-se viver experiências que nutrem a alma. Cada jornada é mais do que uma mudança de local; é uma oportunidade de conexão com novas culturas, paisagens e, acima de tudo, consigo mesmo. Quando alinhamos nossas intenções com a energia da descoberta, as viagens tornam-se repletas de sincronicidades, encontros significativos e momentos inesquecíveis. Cocriar uma viagem não se trata apenas de planejar roteiros, mas de abrir-se à magia do desconhecido, permitindo que cada destino revele novas possibilidades de crescimento, inspiração e encantamento.

Muitas vezes, planeamos viagens com base na logística, no orçamento ou nas expectativas externas, esquecendo-nos de que as viagens podem ser muito mais do que simples deslocações turísticas. A boa notícia é que as viagens mágicas e as experiências memoráveis podem ser cocriadas conscientemente, assim como qualquer outra área da nossa realidade. Ao aplicarmos os princípios da cocriação consciente às nossas viagens, podemos transformá-las em aventuras transformadoras, em jornadas repletas de sincronicidades, de momentos mágicos, de encontros inspiradores e de experiências que nutrem a nossa alma e expandem a nossa consciência.

Viajar como Jornada da Alma: Expandindo a Consciência Através da Aventura

É importante compreender que viajar é, no seu cerne, uma jornada da alma, uma busca por expansão, por crescimento, por conhecimento, por beleza, por conexão, por aventura e por significado. As viagens têm o poder de nos libertar da rotina, de nos desafiar a sair da zona de conforto, de nos abrir a novas perspetivas, de nos conectar com a diversidade do mundo, e de nos reconectar com a nossa própria essência através da exploração do desconhecido.

A cocriação consciente de viagens mágicas e experiências memoráveis é, portanto, um processo de intenção consciente, de abertura à magia da sincronicidade, de confiança no fluxo da vida, e de permissão para que a viagem se torne uma jornada transformadora que ressoa com a nossa alma e que nos deixa memórias preciosas para a vida.

Princípios para Cocriar Viagens Mágicas e Experiências Memoráveis:

Para cocriar viagens mágicas e experiências memoráveis que nutrem a sua alma, podemos aplicar os seguintes princípios da cocriação consciente:

Intenção Clara para a Viagem Mágica e Memorável: Comece por definir intenções claras e específicas para a sua viagem mágica e memorável. Pergunte-se: "Que tipo de viagem eu desejo cocriar? Que tipo de experiências eu desejo vivenciar? Que tipo de lugares eu desejo explorar? Que tipo de pessoas eu desejo conhecer? Que tipo de transformação eu desejo alcançar através desta viagem? Que tipo de memórias eu desejo criar?". Defina intenções claras e específicas, focando nas qualidades de magia, aventura, beleza, descoberta, transformação, conexão, alegria e memórias inesquecíveis que você deseja experimentar na sua viagem.

Visualizar a Viagem Mágica e Experiências Memoráveis: Utilize a visualização criativa para projetar imagens vívidas e detalhadas da sua viagem mágica e experiências memoráveis. Visualize-se a desfrutar de momentos mágicos, de paisagens deslumbrantes, de encontros inspiradores, de aventuras emocionantes, de experiências culturais enriquecedoras, de momentos de relaxamento e rejuvenescimento, de sincronicidades surpreendentes e de memórias inesquecíveis. Imagine-se a sentir alegria, entusiasmo, admiração, gratidão, paz interior e conexão profunda com o mundo e consigo mesmo durante a sua viagem. Envolva todos os seus sentidos na visualização, vendo, ouvindo, sentindo, cheirando e saboreando a experiência da sua viagem mágica e memorável.

Afirmações para Viagens Mágicas e Experiências Memoráveis: Utilize afirmações positivas e potenciadoras para programar a sua mente subconsciente com crenças de magia, aventura e experiências memoráveis nas suas viagens. Exemplos de afirmações: "Eu cocrio viagens mágicas e experiências memoráveis que nutrem a minha alma", "As minhas viagens são repletas de alegria, aventura e beleza", "Eu atraio sincronicidades e momentos mágicos em todas as minhas viagens", "Eu conecto-me com pessoas inspiradoras e culturas enriquecedoras nas minhas viagens", "Eu crio memórias inesquecíveis e transformadoras em todas as minhas viagens", "Eu sou grato/a pelas viagens mágicas e experiências memoráveis que enriquecem a minha vida". Repita estas afirmações diariamente, com convicção e emoção positiva, para fortalecer a sua projeção mental.

Cultivar Emoções Positivas de Aventura, Entusiasmo e Gratidão pela Viagem: Procure cultivar e manter emoções positivas associadas à aventura, ao entusiasmo e à gratidão pela sua viagem, mesmo antes de ela começar. Sinta a excitação da exploração, a alegria da descoberta, a admiração pela beleza do mundo, a gratidão pelas oportunidades de viagem, a confiança na segurança e na proteção durante a jornada, e a antecipação pelas memórias inesquecíveis que irá criar. Sinta estas emoções a preencherem o seu corpo e a vibrarem em cada célula do seu ser enquanto pensa na sua viagem, enquanto visualiza as suas experiências, enquanto pratica as suas afirmações. As emoções positivas elevam a sua frequência vibracional, sintonizando a sua viagem com a energia da magia e da aventura, e fortalecendo a sua capacidade de manifestar estas qualidades na sua realidade.

Abrir-se à Sincronicidade e à Magia da Viagem: A sincronicidade e a magia são ingredientes essenciais das viagens memoráveis. Abra-se à possibilidade de sincronicidades e momentos mágicos acontecerem durante a sua viagem, confiando que o universo está a conspirar para o guiar para as experiências certas, para os encontros divinos, para as oportunidades inesperadas e para os momentos perfeitos. Esteja atento aos sinais, às coincidências, aos impulsos intuitivos, às mensagens que surgem ao longo da jornada. Siga a sua intuição, seja flexível nos seus planos, esteja aberto a desvios e reviravoltas inesperadas, e permita-se ser surpreendido pela magia da viagem.

Conectar-se com a Cultura Local e a Sabedoria dos Lugares: Uma viagem memorável é enriquecida pela conexão com a cultura local e a sabedoria dos lugares que visita. Mergulhe na cultura local, experimente a gastronomia autêntica, aprenda algumas palavras e frases no idioma local, interaja com os habitantes locais com respeito e curiosidade, participe em atividades culturais e tradições locais. Conecte-se com a energia e a história dos lugares que visita, explore os templos antigos, os monumentos históricos, os sítios naturais sagrados, os locais com significado espiritual e cultural. A abertura à cultura local e à sabedoria dos lugares enriquece a sua experiência de viagem e expande a sua consciência.

Explorar a Natureza e a Beleza do Mundo: A natureza e a beleza do mundo são fontes inesgotáveis de inspiração, revitalização e conexão espiritual durante as viagens. Reserve tempo para explorar a natureza nos seus destinos de viagem, visite parques naturais, praias paradisíacas, montanhas majestosas, florestas exuberantes, desertos misteriosos, lagos serenos, rios caudalosos, cachoeiras imponentes, etc. Contemple a beleza da natureza, admire a grandiosidade das paisagens, respire o ar puro, sinta a energia vital da terra, e permita que a natureza o revitalize, o inspire e o reconecte com a sua essência.

Praticar a Atenção Plena e a Presença em Cada Momento da Viagem: A atenção plena e a presença consciente são essenciais para saborear plenamente cada momento da viagem e criar memórias duradouras. Esteja presente em cada experiência, em cada paisagem, em cada interação, em cada sensação, em cada emoção, em cada instante da sua jornada. Desligue-se das distrações tecnológicas, abandone as preocupações com o passado e o futuro, e mergulhe completamente no presente momento. Observe com curiosidade e admiração, saboreie com todos os seus sentidos, aprecie a beleza dos detalhes, e registre as memórias no seu coração e na sua mente com atenção plena e presença consciente.

Abrir-se à Transformação Pessoal e ao Crescimento Interior Através da Viagem: Esteja aberto à transformação pessoal e ao crescimento interior que as viagens mágicas e experiências memoráveis podem proporcionar. Permita que a viagem o desafie, o inspire, o questione, o expanda e o transforme. Saia da sua zona de conforto, enfrente os seus medos, supere os seus limites, aprenda com as novas culturas e perspetivas, questione as suas crenças e pressupostos, e abra-se à sabedoria que a jornada tem para lhe oferecer. As viagens transformadoras são catalisadoras de crescimento pessoal e expansão da consciência.

Expressar Gratidão e Apreciação por Cada Experiência da Viagem: A gratidão e a apreciação amplificam a magia e a beleza das viagens memoráveis. Expresse gratidão por cada experiência, por cada paisagem, por cada encontro, por cada momento de alegria, por cada desafio superado, por cada aprendizagem adquirida, por cada sincronicidade testemunhada, por cada memória criada. Reconheça e aprecie a riqueza e a beleza da sua jornada, celebre cada momento precioso, e registre as memórias no seu coração com profunda gratidão e apreço.

Práticas para Cocriar Viagens Mágicas e Experiências Memoráveis:

Para integrar os princípios da cocriação consciente nas suas viagens mágicas e experiências memoráveis, experimente as seguintes práticas:

Meditação da Viagem Mágica e Memorável: Reserve momentos diários para a meditação da viagem mágica e memorável. Sente-se em silêncio, respire fundo e visualize-se a embarcar na viagem dos seus sonhos, a experienciar momentos mágicos, a explorar lugares incríveis, a conectar-se com pessoas inspiradoras, e a criar memórias inesquecíveis. Repita afirmações de viagens mágicas e experiências memoráveis durante a meditação, e sinta a emoção da aventura, do entusiasmo e da alegria a preencherem o seu coração.

Diário da Viagem Mágica e Memorável: Mantenha um diário da viagem mágica e memorável, onde regista diariamente as suas intenções, as suas visualizações, as suas afirmações, as suas sincronicidades, os seus momentos mágicos, as suas experiências memoráveis, os seus insights, as suas aprendizagens e as suas expressões de gratidão durante a sua jornada de viagem. Anote os detalhes que tornam a sua viagem especial, as emoções que sente, as memórias que cria, e as transformações que vivencia. O diário da viagem mágica torna-se um tesouro de recordações preciosas e um testemunho do poder da cocriação consciente nas suas aventuras.

Mapa da Visão da Viagem Mágica e Memorável: Crie um mapa da visão da viagem mágica e memorável, um painel visual que represente a sua viagem dos sonhos, as experiências que deseja vivenciar, os lugares que quer explorar, as pessoas que anseia conhecer, e as memórias que deseja criar. Cole imagens, frases, palavras, símbolos, cores e objetos que representem a magia, a aventura, a beleza, a descoberta, a transformação, a conexão, a alegria e as memórias inesquecíveis que você deseja manifestar na sua viagem. Coloque o seu mapa da visão num local visível e inspire-se nele diariamente, visualizando-se a viver a viagem mágica e memorável que você está a cocriar.

Listas de Gratidão da Viagem: Crie listas de gratidão da viagem antes, durante e após a sua jornada. Antes da viagem, faça uma lista de tudo o que você já agradece antecipadamente pela sua viagem, pelas oportunidades, pelas experiências, pelas memórias, pelas sincronicidades, pela magia e pela transformação que irá vivenciar. Durante a viagem, faça listas diárias de gratidão por cada momento precioso, por cada experiência enriquecedora, por cada encontro inspirador, por cada paisagem deslumbrante, por cada sincronicidade testemunhada. Após a viagem, faça uma lista final de gratidão por toda a jornada, pelas memórias inesquecíveis, pelas aprendizagens transformadoras e pela magia que a viagem trouxe para a sua vida.

Compartilhar Intenções e Experiências de Viagem com um Parceiro de Cocriação: Se você viaja com um parceiro, amigo ou familiar, partilhe as suas intenções de cocriar uma viagem mágica e memorável com o seu companheiro de viagem. Conversem sobre as vossas visões de viagem ideal, partilhem as vossas expectativas, inspirem-se mutuamente a abrir-se à magia e à sincronicidade, e celebrem juntos as experiências memoráveis que cocriarem ao longo da jornada. A cocriação em parceria pode amplificar a magia e a alegria da viagem, tornando-a ainda mais especial e enriquecedora para todos os envolvidos.

Cocriar viagens mágicas e experiências memoráveis é transformar as suas aventuras em jornadas da alma, em oportunidades de crescimento pessoal, de expansão da consciência, de conexão com a beleza do mundo e de criação de memórias preciosas para a vida. Ao aplicar os princípios da cocriação consciente às suas viagens, ao projetar intenções claras, ao visualizar a magia, ao utilizar afirmações potenciadoras, ao cultivar emoções positivas, ao abrir-se à sincronicidade, ao conectar-se com a cultura local e a natureza, ao praticar a atenção plena, e a expressar gratidão, você pode transformar as suas viagens em verdadeiras aventuras transformadoras, em jornadas repletas de momentos mágicos, encontros inspiradores e experiências inesquecíveis que nutrem a sua alma e expandem os seus horizontes. Comece hoje mesmo a cocriar as suas viagens mágicas e experiências memoráveis, e prepare-se para explorar o mundo com olhos de deslumbramento, coração aberto e alma aventureira!

Capítulo 26
Desbloqueando o Potencial Criativo

A criatividade e a inovação são forças propulsoras da evolução humana, permitindo-nos solucionar desafios, conceber novas ideias e transformar nossa realidade de maneira única e impactante. Longe de ser um privilégio de poucos, o potencial criativo é uma habilidade inata presente em todos, esperando ser despertado, nutrido e direcionado conscientemente. Ao compreender e aplicar os princípios da cocriação consciente, torna-se possível liberar essa capacidade, promovendo soluções originais e inovadoras em diversas áreas da vida pessoal, profissional e coletiva.

Muitas vezes, limitamo-nos a abordagens convencionais e soluções padronizadas, esquecendo-nos do poder da criatividade e da inovação para transformar a nossa realidade. A boa notícia é que as soluções criativas e a inovação podem ser cocriadas conscientemente, assim como qualquer outra área da nossa experiência. Ao aplicarmos os princípios da cocriação consciente ao domínio da criatividade, podemos desbloquear o nosso potencial criativo inato, gerar ideias originais e inovadoras, e manifestar soluções criativas para os desafios que enfrentamos na vida pessoal, profissional e coletiva.

A Criatividade como Força Vital da Consciência: Expressando a Originalidade Divina

É importante compreender que a criatividade é uma força vital da consciência, uma expressão da nossa natureza divina, uma manifestação da originalidade, da espontaneidade e da infinitude do universo através de nós. A criatividade não se limita às artes ou às áreas consideradas "criativas", mas permeia todas as áreas da vida, desde a resolução de problemas quotidianos até à inovação científica, tecnológica, social, artística ou espiritual. Em essência, todos somos seres criativos, com a capacidade inata de gerar ideias originais, de encontrar soluções inovadoras e de expressar a nossa singularidade no mundo.

A cocriação consciente de soluções criativas e inovação é, portanto, um processo de conexão com a nossa fonte interior de criatividade, de libertação dos bloqueios mentais e emocionais que inibem o nosso potencial criativo, de alinhamento com a energia da inspiração, e de permissão para que as ideias inovadoras fluam livremente através de nós. É um processo de despertar o gênio criativo que reside em si, de confiar na sua capacidade inata de gerar soluções originais, e de colaborar conscientemente com a inteligência criativa do universo.

Princípios para Cocriar Soluções Criativas e Inovação:

Para cocriar soluções criativas e inovação em qualquer área da sua vida, podemos aplicar os seguintes princípios da cocriação consciente:

Intenção Clara para a Solução Criativa e Inovação: Comece por definir intenções claras e específicas para a solução criativa e inovação que você deseja cocriar. Pergunte-se: "Que tipo de solução criativa eu desejo manifestar? Que tipo de problema eu desejo resolver de forma inovadora? Que tipo de ideia original eu desejo gerar? Que tipo de impacto criativo eu desejo ter no mundo? Que tipo de inovação eu desejo cocriar?". Defina intenções claras e específicas, focando na qualidade de originalidade, inovação, eficácia, beleza e impacto positivo que você deseja que a sua solução criativa manifeste.

Visualizar Soluções Criativas e Inovadoras: Utilize a visualização criativa para projetar imagens vívidas e detalhadas das soluções criativas e inovadoras que você deseja manifestar. Visualize a solução a surgir clara e completa na sua mente, imagine os detalhes, os mecanismos, os resultados, o impacto positivo que a sua solução irá gerar. Visualize-se a ter *insights* criativos, a conectar ideias de forma original, a descobrir soluções inesperadas, a experimentar momentos de "Eureka!" e de inspiração divina. Envolva todos os seus sentidos na visualização, vendo, ouvindo, sentindo, cheirando e saboreando a experiência de cocriar soluções criativas e inovação.

Afirmações para a Criatividade e Inovação: Utilize afirmações positivas e potenciadoras para programar a sua mente subconsciente com crenças de criatividade, inovação e genialidade. Exemplos de afirmações: "Eu cocrio soluções criativas e inovadoras com facilidade e alegria", "Eu sou um canal para a criatividade divina e a inovação original", "As ideias criativas e inovadoras fluem livremente através de mim", "Eu sou naturalmente criativo e engenhoso", "Eu encontro soluções inovadoras para todos os desafios que enfrento", "Eu sou grato/a pela minha criatividade inata e pela minha capacidade de inovar". Repita estas afirmações diariamente, com convicção e emoção positiva, para fortalecer a sua projeção mental.

Cultivar Emoções Positivas de Inspiração, Curiosidade e Entusiasmo Criativo: Procure cultivar e manter emoções positivas associadas à inspiração, à curiosidade e ao entusiasmo criativo, como alegria, paixão, entusiasmo, admiração, fascínio, contentamento, liberdade, leveza e espontaneidade. Sinta estas emoções a preencherem o seu corpo e a vibrarem em cada célula do seu ser enquanto se dedica a atividades criativas, enquanto busca soluções inovadoras, enquanto explora novas ideias, enquanto se conecta com a sua fonte interior de criatividade. As emoções positivas elevam a sua frequência vibracional, sintonizando a sua mente com a energia da criatividade e inovação, e fortalecendo a sua capacidade de gerar ideias originais.

Silenciar a Mente Crítica e Abrir-se ao Fluxo Criativo: A mente crítica, o julgamento, a autocensura e o medo do fracasso são os maiores inimigos da criatividade. Silencie a mente crítica, aprenda a observar os seus pensamentos sem julgamento, e abra-se ao fluxo criativo da sua intuição, da sua imaginação e da sua espontaneidade. Permita-se explorar ideias sem censura, mesmo as que parecem estranhas, absurdas ou "fora da caixa". Liberte-se da necessidade de perfeição, do medo de errar ou de ser criticado, e confie na sua capacidade de gerar ideias originais, mesmo que elas não sejam perfeitas à primeira vista. O fluxo criativo floresce na ausência de julgamento e na liberdade da experimentação.

Estimular a Curiosidade, a Exploração e a Experimentação: A criatividade é alimentada pela curiosidade, pela exploração e pela experimentação. Cultive a sua curiosidade inata, questione as coisas, faça perguntas, explore novas áreas de conhecimento, interesse-se por temas diversos, desafie as suas próprias crenças e pressupostos. Experimente novas abordagens, novas técnicas, novas ferramentas, novas perspetivas, novas formas de fazer as coisas. Explore diferentes campos da criatividade, desde as artes visuais à música, à escrita, à dança, ao teatro, à culinária, à jardinagem, à ciência, à tecnologia, à inovação social, etc. A curiosidade, a exploração e a experimentação expandem a sua mente, enriquecem o seu repertório criativo e abrem portas para a inovação.

Conectar-se com a Inspiração da Natureza e da Arte: A natureza e a arte são fontes inesgotáveis de inspiração criativa. Conecte-se com a natureza, observe a beleza, a complexidade, a diversidade e a harmonia dos ecossistemas naturais, inspire-se nas formas, nas cores, nos padrões, nos sons e nos ritmos da natureza. Exponha-se à arte em todas as suas formas, visite museus, galerias de arte, concertos, peças de teatro, espetáculos de dança, filmes, leia livros, ouça música, aprecie a beleza e a expressividade das obras de arte criadas por outros. A natureza e a arte nutrem a alma criativa, despertam a imaginação e inspiram a geração de novas ideias.

Praticar o *Brainstorming*, o *Mind Mapping* e Outras Técnicas Criativas: Utilize técnicas de *brainstorming*, *mind mapping* e outras ferramentas criativas para estimular a geração de ideias, a conexão de conceitos, a exploração de soluções inovadoras e a organização do pensamento criativo. O *brainstorming* permite gerar um grande número de ideias livremente, sem julgamento, estimulando a associação livre de conceitos e a explosão criativa. O *mind mapping* ajuda a organizar as ideias de forma visual e hierárquica, facilitando a identificação de padrões, conexões e novas perspetivas. Explore diferentes técnicas criativas e descubra aquelas que melhor se adaptam ao seu estilo de pensamento e aos seus processos criativos.

Criar um Ambiente Criativo e Inspirador: O ambiente físico e mental influencia profundamente a criatividade. Crie um ambiente criativo e inspirador à sua volta, tanto no seu espaço de trabalho como no seu lar. Organize o seu espaço de trabalho de forma a promover a concentração, a fluidez e a inspiração. Decore o ambiente com cores vibrantes, objetos inspiradores, obras de arte, plantas, luz natural, e elementos que o motivem e estimulem a sua criatividade. Minimize as distrações, o ruído e a desordem, criando um espaço que favorece a concentração, a introspeção e o fluxo criativo.

Colaborar com a Criatividade Coletiva e o *Feedback* Construtivo: A criatividade não é um processo isolado, mas também floresce na colaboração e na interação com outros. Partilhe as suas ideias com outras pessoas, procure *feedback* construtivo, participe em *brainstormings* em grupo, colabore em projetos criativos, junte-se a comunidades criativas. A diversidade de perspetivas, a troca de ideias, o *feedback* construtivo e a energia da colaboração coletiva podem amplificar a sua criatividade, gerar soluções mais inovadoras e enriquecer o seu processo criativo.

Práticas para Cocriar Soluções Criativas e Inovação:

Para integrar os princípios da cocriação consciente na sua jornada de geração de soluções criativas e inovação, experimente as seguintes práticas:

Meditação da Inspiração Criativa: Reserve momentos regulares para a meditação da inspiração criativa. Sente-se em silêncio, respire fundo e visualize-se a conectar-se com a fonte universal da criatividade divina, a mergulhar num oceano de ideias inovadoras, a abrir-se à inspiração que flui livremente através de si. Repita afirmações de criatividade e inovação durante a meditação, e sinta a emoção da inspiração e do entusiasmo criativo a preencherem o seu coração.

Diário da Criatividade e Inovação: Mantenha um diário da criatividade e inovação, onde regista diariamente as suas ideias criativas, os seus *insights* inovadores, os seus momentos de inspiração, os seus desafios criativos, as suas soluções originais, as suas experimentações criativas e as suas aprendizagens no processo criativo. Anote as ideias que surgem espontaneamente, os *insights* que o iluminam, os sonhos criativos que o visitam, as soluções inovadoras que encontra, e as reflexões sobre o seu processo criativo. O diário da criatividade torna-se um repositório de ideias originais e um guia para o seu desenvolvimento criativo.

Sessões de *Brainstorming* Criativo Consciente: Agende sessões de *brainstorming* criativo consciente para explorar um problema específico, gerar ideias inovadoras ou desenvolver soluções criativas. Defina um tempo limitado para a sessão de *brainstorming*, convide outras pessoas para participar, crie um ambiente descontraído e inspirador, e siga as regras do *brainstorming*: gerar o máximo de ideias possível, sem julgamento, sem crítica, encorajando a associação livre de conceitos e a exploração de ideias "loucas" ou "fora da caixa". Registe todas as ideias geradas durante a sessão de *brainstorming*, e depois selecione e refine as ideias mais promissoras para desenvolver soluções criativas e inovadoras.

Passeios Criativos Inspiradores na Natureza: Realize passeios criativos inspiradores na natureza para estimular a sua mente criativa e conectar-se com a fonte de inspiração da natureza. Caminhe em parques, jardins, florestas, praias ou outros ambientes naturais que o inspirem, observando a beleza, a diversidade e a harmonia da natureza com atenção plena. Deixe que a natureza o revitalize, o inspire e o conecte com a sua criatividade inata. Leve um caderno e caneta consigo para anotar as ideias criativas, os *insights* inovadores e as inspirações que surgem durante o passeio criativo na natureza.

Desafios Criativos Semanais: Proponha a si mesmo desafios criativos semanais para estimular a sua mente criativa e expandir o seu potencial de inovação. Escolha um desafio criativo diferente a cada semana, como "criar uma nova receita", "escrever um poema ou uma música", "pintar ou desenhar algo original", "criar um protótipo de um novo produto ou serviço", "resolver um problema complexo de forma inovadora", "organizar um evento criativo", etc. Abrace os desafios criativos com entusiasmo e curiosidade, divirta-se no processo criativo, e celebre as suas conquistas criativas ao final de cada semana.

Cocriar soluções criativas e inovação é despertar o gênio criativo que reside em si, libertar o seu potencial inovador, e transformar a sua capacidade de resolver problemas e gerar ideias originais em todas as áreas da sua vida. Ao aplicar os princípios da cocriação consciente à sua jornada criativa, ao projetar intenções claras, ao visualizar soluções inovadoras, ao utilizar afirmações potenciadoras, ao cultivar emoções positivas, ao silenciar a mente crítica, ao estimular a curiosidade, ao conectar-se com a inspiração da natureza e da arte, ao praticar técnicas criativas, e a criar um ambiente criativo, você pode desbloquear o seu potencial criativo inato, gerar soluções originais e inovadoras, e manifestar um impacto criativo significativo no mundo. Comece hoje mesmo a cocriar soluções criativas e inovação, e prepare-se para testemunhar o florescimento do seu gênio criativo e a magia da inovação a manifestarem-se na sua realidade!

Capítulo 27
Cocriando a Manifestação de Sonhos

Cocriar a manifestação de sonhos específicos é um processo consciente que combina intenção, alinhamento energético e ação inspirada para transformar desejos profundos em realidade tangível. Cada objetivo, seja material, profissional, relacional ou pessoal, pode ser alcançado ao refinar a clareza da intenção, superar crenças limitantes e aplicar técnicas avançadas de visualização e afirmação. Ao dominar esses princípios e integrar a manifestação ao fluxo natural da vida, torna-se possível atrair e concretizar com precisão aquilo que ressoa verdadeiramente com a sua essência.

Muitas vezes, temos sonhos e desejos profundos, mas sentimos que a sua realização está fora do nosso alcance, dependente de fatores externos ou da sorte. A boa notícia é que a manifestação de sonhos específicos pode ser cocriada conscientemente, com intenção, foco, persistência e o domínio de técnicas avançadas. Ao aprendermos a refinar a nossa intenção, a superar os obstáculos internos e externos, a acelerar o processo de manifestação e a manter o alinhamento energético com o nosso sonho, podemos tornar-nos mestres da manifestação consciente, capazes de concretizar as metas que verdadeiramente ressoam com a nossa alma.

A Manifestação de Sonhos Específicos como Arte e Ciência: Combinando Intenção e Técnica

É importante compreender que a manifestação de sonhos específicos é tanto uma arte como uma ciência. É uma arte porque requer intuição, criatividade, sensibilidade energética, fé e entrega ao fluxo da vida. É uma ciência porque se baseia em princípios universais, leis da mente e do universo, técnicas específicas e práticas consistentes. Dominar a arte da manifestação de sonhos específicos implica combinar a intuição e a técnica, a inspiração e a disciplina, a fé e a ação, a entrega e a intenção, criando uma sinergia poderosa que impulsiona a realização das suas metas.

A cocriação consciente da manifestação de sonhos específicos é, portanto, um processo de intenção focada, de alinhamento energético, de superação de resistências, de ação inspirada e de cultivo da fé e da gratidão. É um processo de tornar-se um mestre da sua própria realidade, capaz de utilizar as ferramentas da mente e do universo para transformar os seus sonhos mais profundos em realidade tangível.

Princípios e Técnicas Avançadas para Cocriar a Manifestação de Sonhos Específicos:

Para cocriar a manifestação de sonhos específicos e alcançar metas concretas, podemos aplicar os seguintes princípios e técnicas avançadas da cocriação consciente:

Intenção Especifica, Clara e Emocionalmente Carregada: O primeiro passo crucial para a manifestação de um sonho específico é definir uma intenção clara, específica e emocionalmente carregada. Não basta ter um desejo vago ou uma meta genérica; é preciso clarificar exatamente o que você deseja manifestar, com o máximo de detalhes possível, e conectar-se emocionalmente com a realização desse sonho, sentindo a alegria, o entusiasmo, a gratidão e a realização como se o seu sonho já fosse realidade presente. Quanto mais específica, clara e emocionalmente carregada for a sua intenção, mais poderosa será a sua projeção mental e mais rápida será a manifestação.

Visualização Detalhada e Multissensorial do Sonho Realizado: A visualização detalhada e multissensorial é uma técnica avançada de manifestação que amplifica o poder da sua intenção. Não se limite a visualizar o seu sonho como uma imagem estática ou abstrata; crie uma cena vívida e detalhada do seu sonho já realizado, envolvendo todos os seus sentidos na visualização. *Veja-se* a desfrutar do seu sonho, *ouça* os sons do ambiente, *sinta* as sensações físicas, *cheire* os aromas, *saboreie* os detalhes da experiência. Quanto mais rica, detalhada e multissensorial for a sua visualização, mais poderosa e eficaz será a sua projeção mental.

Afirmações Poderosas e Personalizadas para o Sonho Específico: As afirmações poderosas e personalizadas são ferramentas essenciais para programar a sua mente subconsciente com crenças de realização e para fortalecer a sua intenção de manifestação. Utilize afirmações específicas e focadas no seu sonho concreto, formuladas de forma positiva, no tempo presente, e emocionalmente carregadas. Exemplos de afirmações: "Eu manifesto [o meu sonho específico] com facilidade e alegria", "Eu sou o criador da minha realidade e manifesto [o meu sonho específico] agora", "Eu vibro na frequência da realização de [o meu sonho específico]", "Eu sou grato/a por já ter manifestado [o meu sonho específico] na minha realidade", "Eu mereço e recebo [o meu sonho específico] agora e sempre". Repita estas afirmações diariamente, com convicção e emoção positiva, para reprogramar a sua mente subconsciente e fortalecer a sua projeção mental.

Scripting Criativo e a "História do Sonho Realizado": O scripting criativo é uma técnica avançada que consiste em escrever a "história do seu sonho já realizado", como se fosse um guião de filme ou um conto literário. Descreva em detalhes como seria a sua vida, as suas emoções, as suas experiências, as suas sensações, os seus relacionamentos, o seu ambiente, a sua rotina diária, e todos os aspetos da sua realidade após a manifestação do seu sonho. Escreva no tempo presente, com emoção e detalhes vívidos, como se estivesse a viver a realidade do seu sonho neste exato momento. Leia o seu script criativo diariamente, sentindo-se grato e entusiasmado pela realidade do seu sonho já manifestado. O scripting criativo ajuda a ancorar a sua intenção no plano mental e emocional, fortalecendo a sua projeção de manifestação.

Mapas da Visão Detalhados e Focados no Sonho Específico: O mapa da visão, que já exploramos em capítulos anteriores, pode ser uma ferramenta ainda mais poderosa quando focada na manifestação de um sonho específico. Crie um mapa da visão dedicado exclusivamente ao seu sonho concreto, reunindo imagens, frases, palavras, símbolos e objetos que representem a realidade do seu sonho já manifestado em todos os detalhes. Divida o mapa da visão em áreas específicas do seu sonho, como aspectos materiais, relacionais, emocionais, profissionais, pessoais, etc., e encha cada área com detalhes vívidos e inspiradores. Coloque o seu mapa da visão num local visível e inspire-se nele diariamente, visualizando-se a viver a realidade do seu sonho que você está a cocriar.

Técnica dos Sentidos Aumentados e da Realidade Virtual Mental: A técnica dos sentidos aumentados consiste em intensificar a experiência sensorial da visualização, utilizando todos os sentidos de forma vívida e realista. Ao visualizar o seu sonho realizado, não apenas veja as imagens na sua mente, mas aumente a intensidade das sensações, imaginando cores mais vibrantes, sons mais nítidos, cheiros mais intensos, sabores mais deliciosos e texturas mais palpáveis. Crie uma "realidade virtual mental" do seu sonho, tornando a experiência da visualização tão real e imersiva quanto possível. Quanto mais vívida e sensorial for a sua visualização, mais poderoso será o seu impacto na realidade física.

Superar Crenças Limitantes e Resistências Internas Específicas: Para a manifestação de sonhos específicos, é fundamental identificar e superar as crenças limitantes e resistências internas que podem estar a sabotar a realização da sua meta. Pergunte-se: "Quais são os meus medos e dúvidas em relação à realização deste sonho? Quais são as crenças negativas que eu tenho sobre a possibilidade de alcançar esta meta? Quais são as resistências internas que me impedem de avançar com confiança e fé em direção ao meu sonho?". Utilize as técnicas de libertação de crenças limitantes que exploramos no Capítulo 10 para desmantelar estas crenças negativas e resistências internas específicas, substituindo-as por crenças potenciadoras e afirmações de auto-confiança e auto-merecimento.

Acelerar a Manifestação com Técnicas de Liberação Emocional (EFT, *Ho'oponopono*, *Sedona Method*): As técnicas de libertação emocional, como *Emotional Freedom Techniques* (EFT), *Ho'oponopono* e *Sedona Method*, podem ser ferramentas poderosas para acelerar o processo de manifestação de sonhos específicos, libertando bloqueios emocionais, resistências internas e energias estagnadas que podem estar a atrasar a realização da sua meta. Explore estas técnicas de libertação emocional, aprenda a utilizá-las de forma eficaz, e aplique-as regularmente para limpar o caminho energético para a manifestação do seu sonho, removendo obstáculos e permitindo que a energia da realização flua livremente para a sua vida.

Ação Inspirada Alinhada com o Sonho Específico: A manifestação de sonhos específicos não acontece apenas no plano mental e energético; requer ação inspirada e alinhada com a sua meta. Esteja atento aos impulsos da ação inspirada que surgem da sua intuição, do seu coração e da sua sabedoria interior, e siga esses impulsos com confiança e entusiasmo. Tome pequenos passos práticos e consistentes em direção ao seu sonho, mesmo que o caminho completo não seja totalmente claro no início. Procure oportunidades, recursos, contactos e informações que o possam aproximar da sua meta. A ação inspirada é o motor que impulsiona a manifestação dos seus sonhos específicos na realidade física.

Entrega Inteligente ao Fluxo Divino e Confiança no Tempo Perfeito: Embora a intenção focada e a ação inspirada sejam essenciais, a manifestação de sonhos específicos também requer entrega inteligente ao fluxo divino e confiança no tempo perfeito do universo. Libere o apego excessivo ao resultado e à necessidade de controlar cada detalhe do processo de manifestação. Confie que o universo está a conspirar a seu favor para o guiar para a realização do seu sonho, no tempo perfeito e da forma mais apropriada. Permita-se fluir com o ritmo natural da vida, aceite as reviravoltas inesperadas, confie na sabedoria do universo, e mantenha a fé inabalável de que o seu sonho está a manifestar-se, mesmo que ainda não seja visível no plano físico.

Celebrar as Pequenas Conquistas e Expressar Gratidão Contínua: Ao longo da jornada da manifestação de sonhos específicos, é fundamental celebrar as pequenas conquistas e expressar gratidão contínua por cada passo, por cada progresso, por cada sincronicidade, por cada oportunidade, por cada bênção que surge no caminho da realização da sua meta. Reconheça e aprecie os sinais de que o seu sonho está a manifestar-se, mesmo que sejam pequenos e subtis. A gratidão amplifica a energia da manifestação, atrai mais bênçãos para a sua vida, e fortalece a sua fé e a sua confiança no processo de cocriação consciente.

Práticas Avançadas para Cocriar a Manifestação de Sonhos Específicos:

Para integrar os princípios e técnicas avançadas da cocriação consciente na sua jornada de manifestação de sonhos específicos, experimente as seguintes práticas:

Meditação da Manifestação do Sonho Específico: Reserve momentos diários para a meditação da manifestação do sonho específico. Sente-se em silêncio, respire fundo e visualize-se a viver a realidade do seu sonho já manifestado, utilizando a técnica dos sentidos aumentados e da realidade virtual mental. Repita afirmações poderosas e personalizadas para o seu sonho específico durante a meditação, e sinta a emoção da realização, da alegria e da gratidão a preencherem o seu coração.

Sessões de Scripting Criativo Intensivas: Agende sessões de scripting criativo intensivas para escrever a "história do seu sonho realizado" de forma detalhada, vívida e emocionalmente carregada. Dedique tempo e energia a mergulhar na escrita do seu script criativo, explorando todos os aspectos da realidade do seu sonho já manifestado, e permitindo que a emoção da realização o preencha por completo. Leia o seu script criativo em voz alta, com convicção e entusiasmo, sentindo-se grato e entusiasmado pela realidade do seu sonho já manifestado.

Criação de um Altar da Manifestação do Sonho Específico: Crie um altar da manifestação do sonho específico, um espaço sagrado dedicado exclusivamente à manifestação da sua meta concreta. Coloque no altar o seu mapa da visão detalhado, objetos simbólicos que representem o seu sonho, cristais que amplifiquem a energia da manifestação, incenso, velas, flores, e outros elementos que ressoem com a sua intenção. Dedique tempo diariamente ao seu altar da manifestação, meditando, visualizando, afirmando, escrevendo no seu diário da manifestação, e conectando-se com a energia da realização do seu sonho.

Técnicas de Libertação Emocional Diárias (EFT, *Ho'oponopono*, *Sedona Method*): Incorpore técnicas de libertação emocional na sua rotina diária, dedicando tempo a praticar EFT, *Ho'oponopono* ou *Sedona Method* para libertar bloqueios emocionais, resistências internas e energias estagnadas que possam estar a atrasar a manifestação do seu sonho específico. Utilize estas técnicas sempre que sentir medos, dúvidas, inseguranças, crenças limitantes ou emoções negativas que possam estar a sabotar a sua jornada de manifestação.

Parceiro de Manifestação de Sonhos Específicos e *Mastermind* da Realização de Metas: Encontre um parceiro de manifestação de sonhos específicos ou junte-se a um grupo de *mastermind* da realização de metas, para partilhar as suas intenções, os seus progressos, os seus desafios, as suas aprendizagens, e para receber e oferecer apoio, incentivo, *feedback* e *brainstorming* criativo. A energia coletiva, a sabedoria partilhada e o apoio mútuo de um grupo de *mastermind* podem amplificar a sua capacidade de cocriar a manifestação de sonhos específicos e acelerar a realização das suas metas.

    Cocriar a manifestação de sonhos específicos é dominar a arte da projeção consciente a um nível avançado, transformando-se num mestre da sua própria realidade e concretizando as metas que verdadeiramente ressoam com a sua alma. Ao aplicar os princípios e técnicas avançadas da cocriação consciente à manifestação de sonhos específicos, ao refinar a sua intenção, ao visualizar com detalhes, ao utilizar afirmações poderosas, ao escrever scripts criativos, ao criar mapas da visão focados, ao utilizar técnicas de libertação emocional, ao seguir a ação inspirada, ao entregar-se ao fluxo divino, e a celebrar as pequenas conquistas com gratidão, você pode transformar os seus sonhos mais profundos em realidade tangível, manifestar as metas que o seu coração anseia, e viver uma vida plena de realização, propósito e alegria. Comece hoje mesmo a cocriar a manifestação dos seus sonhos específicos, e prepare-se para testemunhar a magia da transformação da sua visão em realidade concreta!

Capítulo 28
Cocriando para Além do Individual

A cocriação vai além do âmbito individual e se fortalece exponencialmente quando realizada em comunidade, direcionada ao bem maior. Quando pessoas se unem com intenções alinhadas e propósito compartilhado, formam um campo energético poderoso capaz de gerar mudanças significativas na sociedade. Ao cultivar cooperação, harmonia e visão coletiva, torna-se possível manifestar realidades mais justas, sustentáveis e prósperas, beneficiando não apenas os envolvidos, mas toda a humanidade.

Muitas vezes, focamo-nos nos nossos objetivos e desejos individuais, esquecendo-nos do poder da união e da colaboração para criar um mundo melhor para todos. A boa notícia é que cocriar em comunidade e para o bem maior é uma possibilidade real e acessível, através da aplicação consciente dos princípios da cocriação coletiva. Ao aprendermos a alinhar as nossas intenções com as de outros, a cultivar a harmonia e a cooperação em grupos, a projetar visões compartilhadas e a agir em conjunto para um propósito maior, podemos tornar-nos cocriadores conscientes de um futuro mais positivo e próspero para toda a humanidade.

A Cocriação Coletiva como Força de Transformação Global: Unindo Intenções para o Bem Comum

É fundamental compreender que a consciência coletiva da humanidade é uma força poderosa que molda a realidade do nosso mundo. Os nossos pensamentos, crenças, intenções e emoções coletivas, quando direcionados conscientemente para o bem maior, têm o poder de transformar as nossas sociedades, as nossas comunidades, o nosso planeta e o nosso futuro. A cocriação coletiva não é uma utopia distante, mas sim uma realidade emergente, impulsionada pela crescente consciência da interconexão, da interdependência e da responsabilidade compartilhada que nos une como seres humanos.

A cocriação consciente em comunidade e para o bem maior é, portanto, um processo de alinhamento de intenções coletivas, de cultivo da harmonia e da cooperação em grupos, de projeção de visões compartilhadas para um futuro melhor, e de ação conjunta e inspirada para manifestar esse futuro desejado. É um processo de despertar para o nosso poder de cocriadores coletivos, de unir forças para o bem comum, e de construir um mundo mais justo, pacífico, sustentável, próspero e harmonioso para todos os seres.

Princípios e Estratégias para Cocriar em Comunidade e para o Bem Maior:

Para cocriar em comunidade e para o bem maior, manifestando mudanças positivas em larga escala, podemos aplicar os seguintes princípios e estratégias da cocriação consciente coletiva:

Intenção Coletiva Clara e Alinhada com o Bem Maior: O primeiro passo essencial para a cocriação coletiva eficaz é definir uma intenção coletiva clara e alinhada com o bem maior de todos os envolvidos e da comunidade mais ampla. Não basta ter um grupo de pessoas reunidas; é preciso que o grupo defina conscientemente um propósito comum, uma visão compartilhada, um objetivo coletivo que beneficie a todos e que esteja em ressonância com valores universais como a paz, a justiça, a harmonia, a sustentabilidade, a prosperidade, a saúde e o bem-estar. Quanto mais clara, alinhada e focada no bem maior for a intenção coletiva, mais poderosa será a cocriação do grupo.

Cultivar a Harmonia, a Cooperação e a Comunicação Consciente no Grupo: A harmonia, a cooperação e a comunicação consciente são fundamentais para o sucesso da cocriação coletiva. É preciso cultivar um ambiente de respeito, confiança, empatia, escuta ativa, diálogo aberto, colaboração genuína e resolução pacífica de conflitos dentro do grupo. Promover a diversidade de perspetivas, valorizar as contribuições de cada membro, celebrar os talentos individuais e coletivos, e construir uma sinergia positiva que fortaleça a energia e a eficácia da cocriação do grupo. A harmonia, a cooperação e a comunicação consciente criam a base para uma cocriação coletiva poderosa e transformadora.

Visualização Coletiva e Compartilhada da Realidade Desejada para o Bem Maior: A visualização coletiva e compartilhada amplifica o poder da intenção do grupo e fortalece a projeção mental da realidade desejada para o bem maior. Realize sessões de visualização guiada em grupo, onde todos os membros imaginam em conjunto a realidade que desejam cocriar para a comunidade, para a sociedade ou para o planeta. Utilize imagens vívidas e detalhadas, envolvendo todos os sentidos na visualização, e sincronize as emoções positivas do grupo na frequência da realização da visão compartilhada. A visualização coletiva e compartilhada cria um campo energético poderoso que impulsiona a manifestação da realidade desejada em larga escala.

Afirmações Coletivas e Unificadas para o Bem Maior: Utilize afirmações coletivas e unificadas para programar a mente subconsciente do grupo e fortalecer a projeção mental da realidade desejada para o bem maior. Crie afirmações específicas e focadas na intenção coletiva, formuladas de forma positiva, no tempo presente, e emocionalmente carregadas, que ressoem com os valores e objetivos compartilhados do grupo. Exemplos de afirmações coletivas: "Nós cocriamos um mundo de paz, justiça e harmonia para todos", "A nossa comunidade floresce em prosperidade, saúde e bem-estar", "Nós manifestamos soluções sustentáveis e inovadoras para os desafios do nosso planeta", "Nós somos cocriadores conscientes de um futuro melhor para a humanidade", "Nós vibramos na frequência do amor, da compaixão e da unidade, manifestando o bem maior para todos os seres". Repitam estas afirmações em grupo regularmente, com convicção e emoção positiva, para fortalecer a sua projeção mental coletiva.

Criação de Símbolos, Rituais e Práticas Coletivas de Cocriação: A criação de símbolos, rituais e práticas coletivas de cocriação fortalece a identidade do grupo, a coesão interna e a energia da manifestação coletiva. Desenvolvam símbolos visuais, sonoros ou gestuais que representem a intenção coletiva e a visão compartilhada do grupo. Criem rituais de conexão, de alinhamento de intenções, de visualização coletiva, de afirmações unificadas e de celebração dos progressos e conquistas do grupo. Incorporem práticas regulares de meditação em grupo, de *brainstorming* criativo coletivo, de *mind mapping* compartilhado e de outras técnicas de cocriação coletiva que ressoem com a energia e o propósito do grupo. Os símbolos, rituais e práticas coletivas fortalecem o vínculo do grupo e amplificam o poder da cocriação coletiva.

Ação Coletiva Inspirada e Alinhada com o Bem Maior: A cocriação coletiva não se limita ao plano mental e energético; requer ação coletiva inspirada e alinhada com a intenção e a visão compartilhada do grupo. Estejam atentos aos impulsos da ação inspirada que surgem da intuição coletiva, da sabedoria do grupo e da orientação interior de cada membro, e sigam esses impulsos com coragem, entusiasmo e colaboração. Definam planos de ação concretos e realistas, distribuam tarefas e responsabilidades, coordenem os esforços, e avancem em conjunto em direção à manifestação da realidade desejada para o bem maior. A ação coletiva inspirada é o motor que impulsiona a transformação da visão compartilhada em realidade tangível no mundo.

Liderança Servidora e Empoderadora na Cocriação Coletiva: A liderança servidora e empoderadora é essencial para guiar e facilitar o processo de cocriação coletiva de forma eficaz e harmoniosa. O líder servidor não é um chefe autoritário, mas sim um facilitador, um catalisador, um inspirador, um conector e um servidor do grupo. O líder servidor escuta ativamente as necessidades e as visões de cada membro, promove a participação e o empoderamento de todos, facilita a comunicação e a colaboração, gere conflitos de forma pacífica e construtiva, e guia o grupo com sabedoria, integridade e compaixão em direção à realização da intenção coletiva. A liderança servidora e empoderadora fortalece a coesão do grupo, maximiza o potencial criativo coletivo e garante que a cocriação coletiva seja um processo inclusivo, participativo e benéfico para todos.

Conectar-se com Redes e Comunidades de Cocriação Consciente: Para expandir o impacto da cocriação coletiva e fortalecer a sua própria prática, é importante conectar-se com redes e comunidades de cocriação consciente que partilham valores, propósitos e intenções semelhantes. Participe em encontros, eventos, workshops, *webinars*, plataformas online e redes sociais dedicadas à cocriação consciente coletiva, troque experiências, partilhe conhecimentos, colabore em projetos conjuntos, e construa alianças e parcerias com outros cocriadores conscientes. A conexão com redes e comunidades de cocriação consciente amplia a sua perspetiva, fortalece a sua motivação, expande o seu alcance e multiplica o impacto da sua cocriação coletiva.

Focar no Bem Maior e na Contribuição para o Mundo: O princípio fundamental da cocriação em comunidade é focar no bem maior e na contribuição positiva para o mundo. Certifique-se de que a intenção coletiva, as ações do grupo e os resultados da cocriação estejam sempre alinhados com valores éticos, princípios universais e o bem-estar de todos os seres. Procure criar soluções que beneficiem não apenas o grupo, mas também a comunidade mais ampla, a sociedade, o planeta e as futuras gerações. A cocriação consciente em comunidade é uma oportunidade para transcender os interesses individuais e egoicos e para contribuir de forma significativa para a construção de um mundo melhor para todos.

Celebrar os Progressos Coletivos e Expressar Gratidão pela Cocriação em Comunidade: Ao longo da jornada da cocriação coletiva, é fundamental celebrar os progressos e conquistas do grupo e expressar gratidão pela oportunidade de cocriar em comunidade e para o bem maior. Reconheçam e apreciem os esforços de cada membro, celebrem os marcos alcançados, partilhem os sucessos, e expressem gratidão pela energia, pela sabedoria e pelo poder da cocriação coletiva. A celebração e a gratidão fortalecem o espírito de união, a motivação do grupo, e a energia da manifestação coletiva, impulsionando a cocriação contínua de mudanças positivas em larga escala.

Práticas para Cocriar em Comunidade e para o Bem Maior:

Para integrar os princípios e estratégias da cocriação consciente coletiva nas suas iniciativas comunitárias e projetos de bem maior, experimente as seguintes práticas:

Reuniões de Alinhamento de Intenções Coletivas: Organize reuniões regulares de alinhamento de intenções coletivas com o seu grupo ou comunidade. Utilize estas reuniões para clarificar e refinar a intenção coletiva, para discutir e resolver desafios, para partilhar progressos, para inspirar e motivar os membros, e para fortalecer o vínculo e a coesão do grupo. Incorpore práticas de meditação em grupo, visualização coletiva, afirmações unificadas e *brainstorming* criativo coletivo nas reuniões de alinhamento de intenções coletivas.

Criação de um "Espaço Sagrado Coletivo" Virtual ou Físico: Crie um "espaço sagrado coletivo" para o seu grupo, seja virtual (como um grupo online dedicado à cocriação coletiva) ou físico (como um local de encontro regular para as atividades do grupo). Utilize este espaço sagrado coletivo para as reuniões, para as práticas de cocriação coletiva, para a partilha de experiências, para o apoio mútuo, e para a celebração das conquistas do grupo.

Capítulo 29
Hábitos e Práticas Contínuas

Manter a cocriação consciente como parte integral da vida exige um compromisso contínuo com práticas e hábitos que sustentam a expansão da consciência e a manifestação intencional. Mais do que uma técnica, trata-se de um estilo de vida que se consolida por meio da repetição disciplinada de rituais diários, alinhamento mental e emocional, e uma atitude de presença e gratidão. Ao integrar a cocriação em todas as áreas da existência, ela se torna um fluxo natural, permitindo que cada experiência diária reforce a maestria da manifestação e o poder da intenção consciente.

Muitas vezes, iniciamos práticas de desenvolvimento pessoal com entusiasmo e motivação, mas com o tempo, a rotina, os desafios e as distrações da vida quotidiana podem fazer com que estas práticas se diluam, se percam ou se tornem esporádicas. A boa notícia é que manter a cocriação consciente ao longo da vida é possível e recompensador, através da consolidação de hábitos e práticas contínuas que reforçam a sua maestria da projeção consciente e que sustentam a transformação da sua realidade de forma consistente e duradoura. Ao criarmos uma rotina de práticas de cocriação consciente, ao cultivarmos hábitos mentais, emocionais e comportamentais que ressoam com os princípios da projeção consciente, e ao integrarmos a cocriação consciente em todas as áreas da nossa vida, podemos manter viva a chama da cocriação, expandir o nosso potencial de manifestação e viver uma vida cada vez mais plena, consciente e alinhada com os nossos sonhos mais profundos.

A Cocriação Consciente como Estilo de Vida: Um Compromisso Contínuo com a Expansão da Consciência

É importante compreender que a cocriação consciente não é um destino final a ser alcançado, mas sim uma jornada contínua de expansão da consciência, de autoaperfeiçoamento, de crescimento pessoal e de manifestação da nossa realidade desejada. Manter a cocriação consciente ao longo da vida é, portanto, um compromisso contínuo com esta jornada, uma dedicação persistente à prática, à aprendizagem, à evolução e à integração dos princípios da projeção consciente em todas as dimensões da nossa experiência. É um compromisso de viver conscientemente como cocriadores da nossa realidade, de assumir a responsabilidade pelo nosso poder de projeção, e de utilizar esse poder de forma sábia, intencional e alinhada com o bem maior.

Hábitos e Práticas Contínuas para Manter a Cocriação Consciente ao Longo da Vida:

Para manter a cocriação consciente como um estilo de vida permanente, sustentando a sua maestria da projeção consciente ao longo da sua jornada, podemos incorporar os seguintes hábitos e práticas contínuas na nossa rotina diária e semanal:

Meditação Diária da Cocriação Consciente: Um Ritual Matinal de Alinhamento: A meditação diária da cocriação consciente é um hábito fundamental para manter viva a chama da projeção consciente ao longo da vida. Reserve um tempo específico todas as manhãs, idealmente logo ao acordar, para praticar a meditação da cocriação consciente. Utilize diferentes técnicas de meditação que exploramos ao longo do livro, como a meditação da visualização, a meditação das afirmações, a meditação da gratidão, a meditação da libertação emocional, a meditação da inspiração criativa, etc. Varie as suas meditações, explore novas abordagens, e mantenha a prática da meditação diária como um ritual matinal de alinhamento, que o conecta com a sua intenção de cocriar conscientemente a sua realidade ao longo do dia.

Revisão Diária Consciente dos Pensamentos e Crenças: Um Guardião da Mente: A revisão diária consciente dos pensamentos e crenças é um hábito essencial para manter a sua mente alinhada com a frequência da cocriação consciente. Reserve alguns momentos ao longo do dia, especialmente antes de iniciar atividades importantes ou desafiantes, para observar conscientemente os seus pensamentos e crenças. Identifique pensamentos negativos, limitantes ou desalinhados com os seus objetivos e valores, e aplique as técnicas de transformação de crenças limitantes que exploramos no Capítulo 10 para desmantelar estas crenças negativas e substituí-las por crenças potenciadoras e afirmações positivas. Transforme a revisão diária consciente dos pensamentos e crenças num "guardião da mente", que o ajuda a manter o controlo sobre o seu diálogo interno e a direcionar a sua energia mental para a cocriação consciente.

Visualização Criativa e Afirmações ao Longo do Dia: Momentos de Projeção Consciente: Não se limite a praticar a visualização e as afirmações apenas durante a meditação matinal; integre a visualização criativa e as afirmações positivas ao longo do dia, transformando momentos quotidianos em "momentos de projeção consciente". Visualize a realidade desejada enquanto espera no trânsito, enquanto caminha, enquanto lava a loiça, enquanto toma banho, enquanto espera numa fila, etc. Repita as suas afirmações positivas mentalmente ou em voz baixa enquanto se veste, enquanto prepara o café, enquanto faz exercício, enquanto espera numa consulta, etc. Aproveite os pequenos intervalos do seu dia para praticar a visualização e as afirmações, transformando momentos aparentemente banais em oportunidades de reforçar a sua projeção consciente.

Diário da Gratidão Contínua: Um Registo da Abundância Diária: O diário da gratidão contínua é um hábito poderoso para manter a sua energia alinhada com a frequência da abundância e da positividade ao longo da vida. Reserve alguns minutos todas as noites, antes de dormir, para escrever no seu diário da gratidão. Registe pelo menos 3 a 5 coisas pelas quais você é grato nesse dia, grandes ou pequenas, materiais ou imateriais, pessoais ou coletivas. Relembre momentos positivos, conquistas, bênçãos, sincronicidades, oportunidades, relacionamentos, aprendizagens, e tudo aquilo que o fez sentir grato e apreciado ao longo do dia. A prática diária da gratidão fortalece a sua mentalidade de abundância, eleva a sua frequência vibracional e atrai mais bênçãos para a sua vida.

Momentos de Atenção Plena e Presença Consciente: Saboreando o Presente Momento: A atenção plena e a presença consciente são hábitos essenciais para viver plenamente a realidade cocriada e para manter-se conectado com o poder do momento presente. Pratique o mindfulness em todas as suas atividades diárias, prestando atenção plena às suas sensações, aos seus pensamentos, às suas emoções, ao ambiente à sua volta, ao sabor da comida, ao toque da água, ao som das vozes, etc. Reserve momentos específicos do dia para praticar a meditação mindfulness, focando na respiração, nas sensações corporais, nos sons, nos aromas, nos sabores ou em qualquer outro objeto de atenção plena. A atenção plena e a presença consciente permitem-lhe saborear plenamente o presente momento, reduzir o stress, aumentar a clareza mental e fortalecer a sua conexão com a sua essência.

Revisão Semanal da Jornada da Cocriação: Reflexão, Planeamento e Ajuste: A revisão semanal da jornada da cocriação é um hábito estratégico para manter o rumo, avaliar os progressos, identificar desafios, planear os próximos passos e ajustar a sua abordagem conforme necessário. Reserve um momento específico a cada semana, idealmente ao fim de semana, para rever a sua jornada de cocriação da semana que passou. Revisite o seu diário da gratidão, reveja as suas visualizações e afirmações, reflita sobre as suas experiências, identifique os seus sucessos e desafios, analise os padrões que se repetem, e planifique as suas intenções, metas e práticas de cocriação para a semana seguinte. A revisão semanal permite-lhe manter a consciência da sua jornada de cocriação, aprender com as suas experiências, e ajustar a sua abordagem de forma contínua e estratégica.

Aprendizagem Contínua e Expansão da Consciência: Nutrindo a Mente e o Espírito: A cocriação consciente é uma jornada de aprendizagem contínua e expansão da consciência. Mantenha-se aberto à aprendizagem, explore novos conhecimentos, leia livros inspiradores, participe em *workshops*, *webinars*, cursos online, palestras, eventos e outras atividades que expandam a sua compreensão da cocriação consciente e de temas relacionados como a física quântica, a neurociência, a psicologia positiva, a espiritualidade, a metafísica, etc. Nutra a sua mente e o seu espírito com conhecimento, sabedoria, inspiração e novas perspetivas, expandindo continuamente a sua consciência e a sua maestria da cocriação.

Conexão com a Comunidade de Cocriadores Conscientes: Apoio, Partilha e Inspiração Mútua: Manter a conexão com a comunidade de cocriadores conscientes é fundamental para o apoio, a partilha, a inspiração mútua e o fortalecimento da sua jornada de cocriação a longo prazo. Mantenha o contacto com o seu parceiro de responsabilidade, participe no seu grupo de *mastermind*, junte-se a comunidades online ou presenciais de cocriação consciente, participe em eventos e encontros de cocriadores, partilhe as suas experiências, receba apoio, ofereça incentivo, troque ideias, inspire-se e motive-se mutuamente com outros que trilham um caminho semelhante. A comunidade de cocriadores conscientes oferece um sistema de apoio valioso para sustentar a sua jornada e expandir o seu potencial de cocriação.

Flexibilidade, Adaptabilidade e Compaixão Consigo Mesmo: Dançando com o Fluxo da Vida: A jornada da cocriação consciente ao longo da vida não é linear nem perfeita; haverá altos e baixos, desafios e conquistas, momentos de clareza e momentos de dúvida, períodos de grande fluxo e períodos de aparente estagnação. É fundamental cultivar flexibilidade, adaptabilidade e compaixão consigo mesmo ao longo da jornada. Aceite as reviravoltas inesperadas, adapte as suas práticas conforme necessário, perdoe-se pelos "escorregões" ou pelas dificuldades, celebre os pequenos progressos, e persista na sua prática com amor, fé e determinação. Lembre-se de que a cocriação consciente é uma dança contínua com o fluxo da vida, e que a maestria da projeção consciente é uma jornada de vida, não um destino final.

Celebrar as Conquistas e Expressar Gratidão pela Jornada Contínua: Reconhecendo a Magia da Cocriação na Vida: Por fim, é essencial celebrar as conquistas, grandes e pequenas, ao longo da jornada da cocriação consciente, e expressar gratidão contínua pela magia da manifestação que se manifesta na sua vida, pelas bênçãos que recebe, pelas transformações que vivencia, pelo crescimento pessoal que alcança, e pela alegria de viver uma vida cocriada conscientemente. Reconheça e aprecie a beleza, a abundância e a magia da cocriação que se manifesta em todas as áreas da sua vida, e expresse gratidão pelo privilégio de ser um cocriador consciente da sua própria realidade. A celebração e a gratidão amplificam a energia da manifestação, fortalecem a sua fé e a sua motivação, e enriquecem a sua jornada de cocriação consciente ao longo da vida.

Integrando a Cocriação Consciente em Todas as Áreas da Vida:

Para manter a cocriação consciente como um estilo de vida permanente, é importante integrá-la em todas as áreas da sua vida, aplicando os princípios da projeção consciente em todos os domínios da sua experiência. Desde a saúde e o bem-estar, à abundância financeira e à prosperidade, ao lar harmonioso e ao espaço sagrado, às viagens mágicas e às experiências memoráveis, às soluções criativas e à inovação, à manifestação de sonhos específicos, à cocriação em comunidade e para o bem maior, e a todas as outras áreas da sua vida, aplique conscientemente os princípios da cocriação, projete intenções claras, visualize a realidade desejada, utilize afirmações potenciadoras, cultive emoções positivas, siga a ação inspirada, entregue-se ao fluxo divino, e expresse gratidão contínua. Integre a cocriação consciente em todas as dimensões da sua existência, transformando-a numa forma de ser e de viver que se manifesta em todos os momentos e em todas as áreas da sua experiência.

Manter a cocriação consciente ao longo da vida é abraçar uma jornada contínua de crescimento pessoal, expansão da consciência e manifestação da realidade dos seus sonhos. É um processo de tornar-se um mestre da sua própria vida, de viver conscientemente como cocriador da sua experiência, e de dançar em harmonia com o universo, projetando uma realidade plena de beleza, abundância, alegria, propósito e amor, em todos os momentos e em todas as áreas da sua vida. Comece hoje mesmo a consolidar os hábitos e práticas contínuas da cocriação consciente na sua rotina diária, e prepare-se para testemunhar uma transformação extraordinária da sua vida, à medida que você se torna um mestre da projeção consciente e vive plenamente a realidade que você escolhe cocriar, ao longo de toda a sua jornada!

Capítulo 30
Expansão e Novos Horizontes

A jornada da cocriação consciente não termina; ela se expande, revelando novos horizontes e possibilidades ilimitadas. Cada pensamento, emoção e intenção molda a realidade de forma contínua, convidando à evolução e ao aprimoramento da manifestação consciente. O domínio da cocriação não é um fim, mas um processo dinâmico, uma dança constante com a vida. Ao abraçar essa expansão, você se abre para novas descobertas, desafios e oportunidades, cultivando uma existência plena de propósito, criatividade e realização.

É fundamental lembrar que a cocriação consciente não é um destino final, mas sim uma dança contínua, um processo evolutivo e uma jornada de expansão constante. A realidade está em permanente movimento, em fluxo constante, em transformação incessante. Assim como a dança, a cocriação consciente é uma expressão dinâmica, fluida e adaptável, que se ajusta aos ritmos da vida, às mudanças do ambiente, às nuances das emoções e à evolução da consciência.

A evolução é inerente à jornada da cocriação consciente. À medida que você pratica, experimenta, aprende, reflete e integra os princípios da projeção consciente, a sua compreensão da cocriação aprofunda-se, as suas habilidades de manifestação aprimoram-se, a sua confiança no seu poder de cocriador fortalece-se, e a sua capacidade de viver conscientemente a realidade desejada expande-se. Permita-se evoluir continuamente na sua jornada de cocriação, abrace as novas aprendizagens, explore novas técnicas, desafie os seus próprios limites, e celebre cada passo da sua jornada evolutiva.

A expansão é a essência da dança da cocriação. A cocriação consciente convida-o a expandir a sua consciência, a alargar os seus horizontes, a explorar novos territórios da sua mente, do seu coração e do seu espírito, e a abrir-se a novas possibilidades e potenciais ilimitados. Expanda a sua visão da realidade, questione as suas crenças limitantes, desafie as suas próprias expectativas, abrace a mudança, explore o desconhecido, e permita que a sua consciência se expanda para além dos limites da sua imaginação. A expansão da consciência é o combustível que alimenta a dança contínua da cocriação e que o impulsiona para novos horizontes de realização e plenitude.

Ao concluir este livro, convido-o a olhar para o futuro com entusiasmo, esperança e um sentimento de potencial ilimitado. A jornada da cocriação consciente é uma porta de entrada para um universo de possibilidades infinitas, onde os seus sonhos mais ousados podem tornar-se realidade, onde a sua capacidade de criar e manifestar é ilimitada, e onde a sua experiência de vida pode ser cada vez mais plena, significativa, alegre e abundante.

Os novos horizontes que se abrem à sua frente são vastos e inexplorados. Continue a dançar com a projeção consciente, a experimentar novas técnicas, a aplicar os princípios da cocriação em novas áreas da sua vida, a desafiar os seus próprios limites, a expandir a sua consciência, e a descobrir o potencial ilimitado que reside em si e na sua capacidade de cocriar a sua realidade. Não se contente com o ordinário, o previsível ou o limitado; ouse sonhar grande, imagine o inimaginável, acredite no impossível, e permita que a sua dança da cocriação o leve a novos patamares de realização, abundância e alegria, para além de tudo o que você alguma vez imaginou ser possível.

E assim, chegamos ao final desta etapa da nossa jornada exploratória da cocriação consciente. Mas, na verdade, este é apenas o início de uma dança contínua, de uma aventura sem fim, de uma jornada de vida plena de magia, potencial e possibilidades. A dança da cocriação continua, em cada pensamento, em cada emoção, em cada intenção, em cada ação, em cada momento da sua vida. Agora, mais do que nunca, você está consciente do seu poder de cocriador, capacitado com ferramentas práticas e inspirado por princípios transformadores, e pronto para assumir o papel de protagonista na criação da sua realidade.

Convido-o a continuar a dançar com a projeção consciente, com alegria, entusiasmo, fé, confiança, gratidão, e a mente e o coração abertos a todas as infinitas possibilidades que o universo tem para lhe oferecer. Que a sua dança seja cada vez mais fluida, harmoniosa, criativa, abundante, alegre, significativa, e plena de amor. Que a sua jornada de cocriação consciente seja uma aventura extraordinária, uma experiência transformadora e uma vida ricamente vivida, em todos os momentos e em todas as direções.

Com profunda gratidão pela sua companhia nesta jornada, com alegria por testemunhar o seu despertar como cocriador consciente, e com entusiasmo pelos novos horizontes que se abrem à sua frente, despeço-me, por agora, desejando-lhe uma dança contínua, abundante, alegre e infinitamente criativa na jornada da cocriação da sua realidade consciente!

Com amor e votos de uma dança contínua e próspera.

FIM

www.ingramcontent.com/pod-product-compliance
Lightning Source LLC
LaVergne TN
LVHW040047080526
838202LV00045B/3521